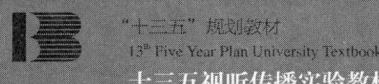

"十三五"规划教材
13th Five Year Plan University Textbook
十三五视听传播实验教材

[总主编 张 卓 王瀚东]

Web 前端开发与制作
HTML5+CSS3+JavaScript

王玲玲 著

中国传媒大学出版社
·北京·

目 录

扫一扫,获取
本书数字资源

第1章　Web 前端开发的基础知识　/ 1

　　1.1　从网页制作到前端开发　/ 1

　　1.2　Web 开发的基本流程　/ 7

　　1.3　Web 前端开发的编辑工具　/ 8

　　本章小结　/ 13

第2章　Web 前端开发需掌握的技术　/ 14

　　2.1　承载页面内容的 HTML　/ 15

　　2.2　美化页面的 CSS　/ 21

　　2.3　实现页面交互的 JavaScript　/ 46

　　本章小结　/ 64

第3章　建立站点　/ 65

　　3.1　建立站点文件结构　/ 65

　　3.2　新建首页 HTML 文件　/ 66

　　3.3　文件头的设置　/ 67

　　3.4　初始化网页　/ 72

　　本章小结　/ 73

第 4 章　创建纯文本页面　/ 74

4.1　网页中的文本　/ 74

4.2　文本标签　/ 76

4.3　文本样式　/ 83

4.4　综合案例——纯文本页面：黄鹤楼简介　/ 93

本章小结　/ 98

第 5 章　创建多媒体页面　/ 101

5.1　网页中的图像　/ 101

5.2　综合案例——图文页面：新闻详细页　/ 105

5.3　CSS3 完成动画效果　/ 113

5.4　综合案例——H5 圣诞贺卡　/ 115

5.5　视频、音频、其他媒体文件　/ 121

5.6　综合案例——全屏视频　/ 124

本章小结　/ 129

第 6 章　创建列表页面　/ 130

6.1　有序列表　/ 131

6.2　无序列表　/ 133

6.3　定义列表　/ 136

6.4　利用 CSS 样式设置列表样式　/ 137

6.5　综合案例——图片列表　/ 140

6.6　综合案例——新闻列表　/ 143

本章小结　/ 148

第 7 章　超链接　/ 149

7.1　超链接标签及属性　/ 150

7.2　超链接样式　/ 152

7.3 综合案例——导航条　／ 153

本章小结　／ 158

第 8 章　表单　／ 159

8.1　form 表单标签　／ 160

8.2　input 输入标签　／ 160

8.3　textarea 文本域标签　／ 166

8.4　button 按钮标签　／ 167

8.5　select 下拉列表标签　／ 168

8.6　综合案例——163 邮箱注册页面　／ 169

本章小结　／ 174

第 9 章　网页布局　／ 175

9.1　原始的网页布局——表格布局　／ 175

9.2　结构标签　／ 180

9.3　文档流　／ 181

9.4　浮动　／ 183

9.5　层定位　／ 188

9.6　综合案例——浮动模型布局　／ 196

9.7　综合案例——层定位模型布局　／ 207

本章小结　／ 215

第 10 章　JavaScript 应用　／ 216

10.1　对象　／ 216

10.2　事件　／ 223

10.3　函数　／ 225

10.4　综合案例——控制元素的显示和隐藏　／ 226

10.5　综合案例——心理测试题　／ 232

10.6　综合案例——适应移动端的心理测试题　／ 244

10.7 添加动态图表 / 252

本章小结 / 256

第 11 章 响应式 Web 开发 / 257

11.1 响应式 Web 开发的概念 / 257

11.2 媒体查询 / 258

11.3 响应式图片 / 260

11.4 使用 Bootstrap / 260

本章小结 / 262

第 1 章　Web 前端开发的基础知识

章节大纲

1. Web 前端开发是从网页制作演化而来的，负责制作 Web 前端界面。
2. Web 前端开发的新变化：响应式 Web 开发成为趋势、大量 JavaScript 库的使用、HTML5 的使用。
3. Web 前端开发只是 Web 开发中的一个环节。
4. Web 前端开发的工具主要有各种各样的文本编辑器和网页制作软件 Dreamweaver 等。

随着 Internet 的发展，网页制作技术发生了很大的变化。早期静态的、只关注内容呈现、不关注用户体验的 HTML 页面已满足不了用户的需求，尤其是随着移动媒体的快速发展，我们制作的页面不仅要满足 PC 端的需求，更要满足移动端的需求。本章将主要给大家介绍 Web 前端开发近几年的变化及新的应用方向和形式。

1.1　从网页制作到前端开发

1.1.1　什么是 Web 前端开发

我们平时使用个人计算机、手机、平板电脑访问网站，所看到的网页上的内容就是 Web 前端。Web 前端开发是由网页制作技术演化而来的。

Web 前端开发是近几年才真正开始受到重视的一个新兴领域,所谓 Web 前端开发,从字面上理解,就是设计用户浏览的前端界面。在 Web1.0 时代,网站一般由 HTML 文件组成,那个时候不叫 Web 前端开发,而是叫网页设计与制作,主要工作是设计制作静态网页[1],主要使用的工具是 Photoshop 和 Dreamweaver。随着 Web2.0 和 Web3.0 时代的相继到来,人们对网页的需求发生了重大的改变,网页越来越向桌面软件靠拢。

1.1.2 Web 前端开发的新变化

随着 Internet 的发展,尤其是移动媒体的发展,Web 前端开发有哪些新的变化呢?

1. 响应式 Web 开发成为基本配置

响应式 Web 开发在近几年是非常火热的一个名词,现在已经变成一般 Web 开发的基本配置。那么什么是响应式 Web 开发呢?我们要从使用设备说起。以前我们只需要考虑 PC[2] 端的 Web,PC 端常用的分辨率尺寸有 800×600 像素、1024×768 像素、1440×900 像素、1600×900 像素、1920×1080 像素等,为了兼容较低的分辨率,我们只需要将网页的内容放在一个低于自己的目标分辨率宽度的盒子里,并让它居中就可以了。比如我们的目标用户的计算机显示器分辨率最低是 1024×768 像素,那么我们可以新建一个宽度为 960px 的盒子,将其设置为在浏览器中居中。如果把所有的网页内容都放到这个盒子里,那么它在所有的显示器中都能全部显示而且可以居中显示,页面可以适应各个尺寸的分辨率。

但是智能的移动设备[3]出来以后,就出现问题了。为了让网页能够在移动设备的浏览器上显示,移动设备设定了一个虚拟的视口,宽度是 960px,也就是说所有的网页内容会先缩放成 960px 宽度,然后在移动设备的浏览器上显示出来。以下是一个普通网页在 PC 端和移动端的呈现,我们来看一下效果。

---

[1] 这里的静态网页并不是指网页中的内容是静止不动的或是使用了动态图片或者视频。静态网页是指页面的内容在设计时就固定在页面的编码里,而动态网页是指页面可以从数据库或文件中动态地读取数据,并显示在页面中。
[2] 个人计算机。
[3] 主要指智能手机和平板电脑。

图 1-1　PC 端浏览器显示效果

图 1-2　手机移动端浏览器显示效果

很明显的一个问题就是,由于移动设备本身的屏幕尺寸比较小,使得网页看起来很小,文字、图片、链接都很小,观看或者点击都很不方便。如果我们开发的页面可以根据不同设备来进行外观上的改变,比如像图1-3、1-4这个页面一样,可根据不同的设备变换不同的布局,文字和图片大小也可以调节,那么用户体验是不是会更好呢?

图1-3　PC端浏览器显示效果

第1章 Web前端开发的基础知识

图1-4 手机移动端浏览器显示效果

·005·

以上网页就是一个响应式的网页,它利用媒体查询、弹性布局和弹性图片等技术实现了这个效果,即可以根据设备的不同呈现不同的外观。

2.大量 JavaScript 库的涌现和使用

JavaScript 是一种基于对象和事件驱动,应用于网页的脚本语言。随着网络的发展,大量的 JavaScript 脚本库陆续涌现。基于这些脚本库,程序员可以使用轻量的代码实现原本需要大量 JavaScript 原生代码才能实现的功能。

这些脚本库里有一些是优秀的 JavaScript 程序框架,比如 jQuery 就是一个开源的、轻量级的 JavaScript 脚本库,它将一些工具方法或对象方法封装在类库中,并提供了强大的功能函数和强大的用户界面设计能力。借助它,我们可以非常高效地处理 HTML 文档、控制事件、操作 DOM、给页面添加动画和 Ajax 效果等。

另外还有一些专用的 JavaScript 脚本库,比如图表类脚本库。数据新闻里离不开图表的展现,一个美观的、简洁的、动态交互的图表会让我们的数据新闻页面更吸引用户的目光。比如下图就是 Echarts 提供的一个动态图表实例:

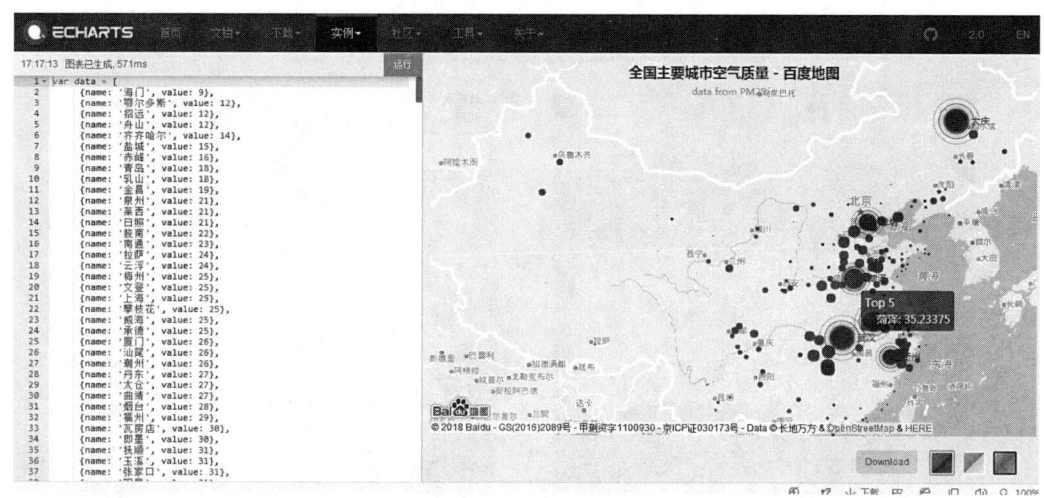

图 1-5　动态图表实例

3.HTML5 的使用

HTML5 是最新的 HTML 版本。现在大部分新版本的浏览器都已经支持 HTML5,尤其是移动端的浏览器普遍支持 HTML5,所以学会使用新的 HTML 来编写代码非常必要。当然 Web 前端开发中最头疼的事仍然是兼容性的问题,尤其是对老版本 IE 浏览器的兼容,所以我们常常感叹:"讨厌的 IE6!"

HTML5 是唯一一个通吃 Windows、OSX、Linux、Android、iOS 的跨平台语言。相比

原生 App 要针对不同手机操作系统做开发，HTML5 只需一次开发，就可以在所有操作系统上运行。

1.2　Web 开发的基本流程

目前我们使用的网络架构为浏览器/服务器(B/S)网络模型。其工作原理如下：

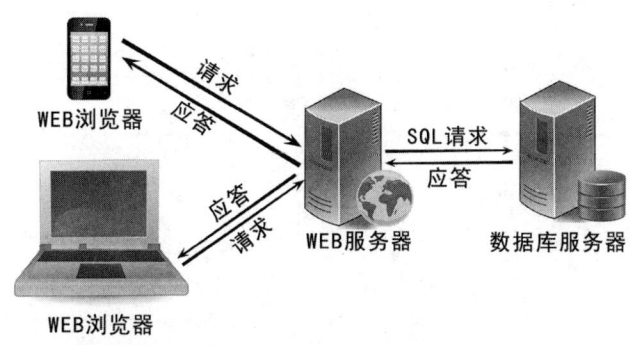

图 1-6　浏览器/服务器(B/S)网络模型的工作原理

B/S 模型的应用程序只需要部署在 Web 服务器上，应用程序可以是 HTML 文件或 PHP、ASP 等脚本文件，用户只需要在自己的设备上安装 Web 浏览器，就可以浏览所有网站的内容。

Web 应用程序开发以后，使用 FTP 上传到 Web 服务器上。Web 服务器需要有固定的 IP 地址和域名，它可以存放 Web 应用程序、接收用户申请的服务、将 SQL 语句传送到数据库服务器并接收查询结果、将 HTML 文件传送到 Web 浏览器。

用户在 Web 浏览器中输入正确的域名或 IP 地址以及要浏览的 HTML 文件或 PHP、ASP 等脚本文件，就可以下载 Web 服务器上的 HTML 文件并经 Web 浏览器解析呈现出网页。Web 浏览器和 Web 服务器之间使用 HTTP 协议进行通信。

一个完整的 Web 开发需要经历需求分析、整体设计、模块及页面分析、程序开发（前端开发和后端开发）、测试后上线运行这几个步骤。

由此可以看出，前端开发只是一个 Web 应用程序开发中的一个步骤，一些小的 Web 开发项目有时候会由一个人负责从头到尾的所有工作，但复杂的项目通常需要团队合作。所以在学习前端开发的时候，代码规范是大家必须学习和掌握的，这有助于你和其他团员进行良好的沟通合作。

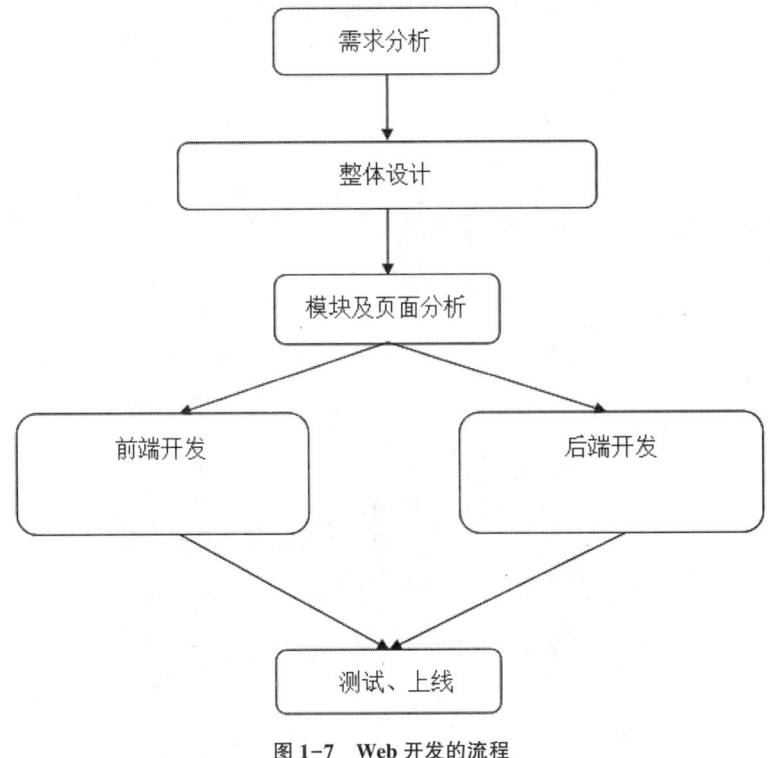

图 1-7　Web 开发的流程

1.3　Web 前端开发的编辑工具

因为在 Web 前端开发中不论是 HTML、CSS 还是 JavaScript 都是纯文本,所以可以使用几乎任何文本编辑器来编辑,但是要注意必须是纯文本格式,只有这样 Web 浏览器才能理解它们。

1.3.1　纯文本编辑器——记事本

在 Windows 系统中,我们最常用的文本编辑器是记事本(Notepad)。现在我们就使用记事本来创建一个 HTML 文件、一个 CSS 文件和一个 JS 文件。

1.新建 HTML 文件

选择【开始】|【程序】|【附件】|【记事本】菜单命令,打开记事本编辑器。

选择记事本菜单【文件】|【保存】,选择保存地址,【保存类型】设为"所有文件",

【文件名】是"index.html",文件名必须要写全,后缀是".html"或".htm"都可以,【编码】改成"UTF-8",最后点击【保存】。具体设置如下:

图 1-8 使用记事本工具保存 HTML 文件时的设置

在记事本编辑器中,输入以下代码:

```
<!DOCTYPE html>
<html>
    <head>
        <meta charset="UTF-8">
        <title>文本编辑器</title>
    </head>
    <body>
        <p>欢迎学习Web前端开发</p>
    </body>
</html>
```

选择【文件】|【保存】。双击 index.html 在浏览器中打开,效果如下:

图 1-9 浏览器显示效果

2.新建 CSS 文件

打开记事本编辑器。选择【文件】|【保存】,选择保存地址,【保存类型】设为"所有文件",【文件名】是"main.css",文件名必须写全,后缀是".css",【编码】改成"UTF-8",最后点击【保存】。具体设置如下:

图 1-10　使用记事本工具保存 CSS 文件时的设置

3.新建 Javascript 文件

打开记事本编辑器。选择【文件】|【保存】,选择保存地址,【保存类型】设为"所有文件",【文件名】是"set.js",文件名必须写全,后缀是".js",【编码】改成"UTF-8",最后点击【保存】。具体设置如下:

图 1-11　使用记事本工具保存 Javascript 文件时的设置

1.3.2 文本编辑器——Sublime Text3 等

除了记事本，专业人员更喜欢使用 Notepad++、Editplus、Sublime Text3、WebStorm 等文本编辑器。这些编辑器相对于记事本，增加了更多的功能，比如颜色识别等。大家可以根据自己平时的工作习惯选用其中一种编辑器。

1.3.3 Dreamweaver

Adobe 公司推出的 Dreamweaver（原公司为 Macromedia，后 Dreamweaver 连同 Flash、Fireworks 被 Adobe 公司收购）提供了方便的可视化编辑和强大的站点管理功能，使用户可以快速创建 Web 页面。

使用 Dreamweaver 来编写代码不仅比记事本更加方便，而且可以快速检验出编写过程中出现的语法错误。

以新建 HTML 文件为例：

选择【开始】|【程序】|【Adobe Dreamweaver CC】菜单命令，打开 Dreamweaver，出现以下界面：

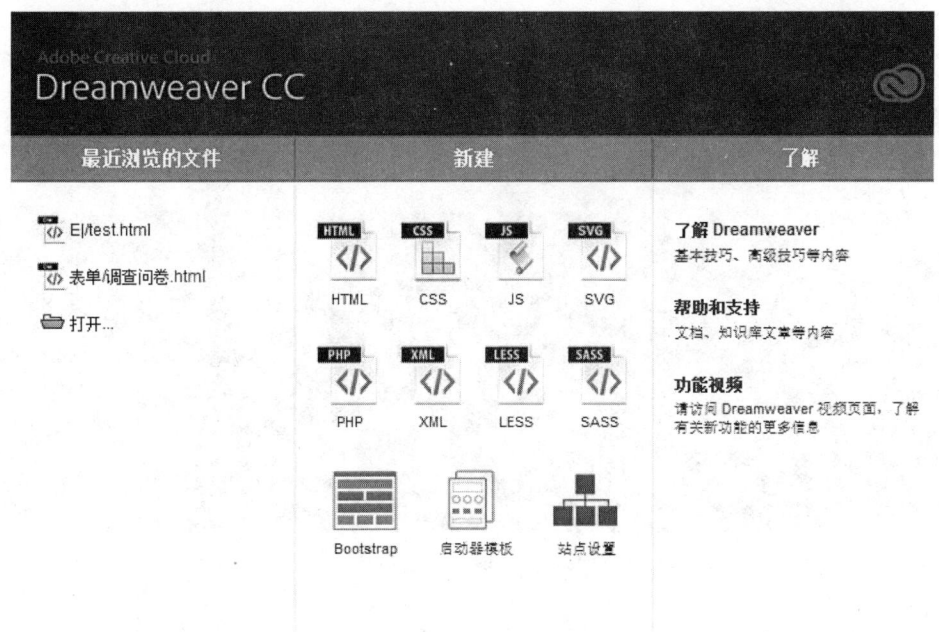

图 1-12　Adobe Dreamweaver CC 启动界面

点击【HTML】,新建一个 HTML 文件。

图 1-13　Adobe Dreamweaver CC 新建文档界面

【文档类型】选择"HTML5",点击【创建】。

Dreamweaver 会新建一个未命名 HTML 文档,并且会自动写好 HTML 的基本结构,如图 1-14 所示:

图 1-14　Adobe Dreamweaver CC 中 HTML 默认代码

点击【文件】|【保存】，在弹出的对话框中只需要修改文件名即可。

使用纯文本编辑器时，里面的所有代码都必须一一输入，如果不小心输错了，检查起来就不容易找到错误。但是使用纯文本编辑器，通过亲自编写代码和排错，可以提高代码的熟练程度。所以最开始学习的时候，建议使用最原始的记事本工具。在后期代码编写熟练，做比较复杂的项目的时候，再使用其他编辑工具，提高工作效率。

本章小结

本章主要是让大家了解计算机网络的基础知识。Web 前端开发的门槛非常低，如果你没有计算机编程基础却又想了解或者加入计算机行业，那么学习并从事 Web 前端开发是非常不错的选择。在后面的章节里，我们会一步一步带领你进入 Web 前端开发的世界。本书针对的是零基础的同学，所以内容力求由浅入深，从基础讲起，以案例入手，让你慢慢掌握 Web 前端开发的技术。只要你足够用心，相信你一定可以学得非常好！

思考与研讨题

1. 了解浏览器/服务器(B/S)网络模型，描述一下平常上网时你的浏览器显示网页内容的过程。
2. 了解 IP 地址、域名、解析等概念。
3. 登录 www.w3school.com.cn，浏览该网站上的内容。

第 2 章　Web 前端开发需掌握的技术

章节大纲

1. HTML：超文本标记语言，是描述网页文档的标记语言，承载网页内容。
2. CSS：层叠样式表，负责 HTML 内容在浏览器上呈现出来的样式效果，美化网页。
3. JavaScript：脚本语言，负责前端的交互设计。

学习 Web 前端开发通常需要掌握以下三个方面的技术：

1.HTML

HTML 是 Hyper Text Markup Language 的缩写，即超文本标记语言，它是用于描述网页文档的一种标记语言，也是应用于网络的一种标准。所有的浏览器都需要遵循这套标准，我们在编写 HTML 文件时也需要遵循这套标准，只有这样我们的 HTML 文件才可以正确地被浏览器解析并呈现出来。

HTML 是 Web 前端开发的基础。目前 HTML 的最新版本是 HTML5，我们会在后面的章节里介绍 HTML5 的基础知识。

2.CSS

CSS 是 Cascading Style Sheets（层叠样式表）的缩写，是一种能使网页格式化的标准，它可以扩展 HTML 的功能，重新定义 HTML 元素的显示样式。CSS 的最新版本是 CSS3，本书中所讲的 CSS 是在 CSS2 的基础上添加 CSS3 样式，所有 CSS3 样式都会有标注。

3.JavaScript

JavaScript 是一种基于对象和事件驱动的应用于网页里的脚本语言,它可以实现网页与用户之间的交互。

总而言之,HTML 主要承载网页的内容,CSS 负责美化网页的外观,JavaScript 负责网页与用户之间的交互。

除了这三个基本的技术,同学们还需要掌握 Ajax 和 jQuery 等相关的热门技术。

2.1 承载页面内容的 HTML

HTML 是用来描述网页的一种语言。HTML 的全称是 Hyper Text Markup Language(超文本标记语言)。

HTML 主要负责的是 Web 应用程序里的内容,一个页面里眼睛所能看到的所有元素都需要用 HTML 进行封装,比如文字、图片、表单、超链接、表格等,HTML 为每个元素都规定了自己独有的标签,这些标签可以让 Web 浏览器快速地知道这个内容是属于哪个类型的,要以什么样的形式呈现。

一个 HTML 文档就是一个网页,Web 浏览器的作用是读取 HTML 文档,并以网页的形式显示出它们。浏览器不会显示 HTML 标签,而是使用标签来解释页面的内容。

我们也可以这样理解,HTML 的标签就像一个个包装盒,我们把内容放在各种各样的包装盒里,这些包装盒会标明里面内容的类型、属性等,Web 浏览器只要看到这些包装盒,就可以知道里面的内容类型和属性,然后按照不同的类型去呈现,而不需要知道这些内容具体是什么。

HTML 不是一种编程语言,而是一种标记语言(markup language)。标记语言是一套标记标签(markup tag),HTML 使用标记标签来描述网页。学习 HTML 就是学习一系列的标记标签,我们需要掌握常用的 HTML 标记标签的含义及其常用属性。

2.1.1 HTML 标记标签的书写规范

HTML 标记标签通常被称为 HTML 标签(HTML tag),其内容必须要使用标签包围起来。

图 2-1 HTML 标签的结构

HTML 标签的语法如下：

1.HTML 标签是由一对尖括号包围一个关键词，比如<html>。html 就是<html>标签的关键词。

2.HTML 标签通常是成对出现的，比如<body>和</body>。标签中的第一个标签是开始标签，第二个标签是结束标签。开始和结束标签也被称为开放标签和闭合标签。结束标签的"/"写在关键词的前面。

有一种特殊的标签，叫空标签。这类标签一般是没有内容需要包含的，所以只有一个标签，不是成对的。比如
，它的作用就是换行。空标签一般在">"前面加"/"代表闭合，比如图像标签<img scr="img/logo.gif"/>。

3.标签与标签之间是可以嵌套的，但先后顺序必须保持一致。例如，<div>里嵌套<p>，那么</p>必须放在</div>的前面。

```
<div>
  <p>
    欢迎学习web前端开发。
  </p>
</div>
```

4.HTML 标签不区分大小写，<h1>和<H1>是一样的，但建议小写，因为大部分程序员都以小写为准。

5.在 HTML 里可以使用<!--注释内容-->添加注释，浏览器会屏蔽注释的内容，不会对注释内容进行解释和呈现，所以注释的内容主要是给程序员自己看的。注释可以使自己的代码更容易被理解，也方便团队合作。

2.1.2 HTML 里的常见标签

HTML 里的内容必须使用标签包裹起来。在 HTML 里大多数标签都是有语义的。比如<p>代表的就是段落，我们可以使用<p></p>把一个段落包裹起来。

比如：

```
<p> HTML 是用来描述网页的一种语言。HTML 的全称是Hyper Text Markup
Language(超文本标记语言)。
</p>
```

在 HTML 里常见的标签有：

1. 标题

在 HTML 文档中共定义了六级标题,分别从<h1>到<h6>。

一级标题最大,六级标题最小。

例：

```
<h1>我是一级标题</h1>
```

2. 段落

段落标签是<p>。

例：

```
<p>我是一个段落。每个段落会单独占一块内容，可以使用css对段落进行样式设定。</p>
```

3. 图像

图像标签<img/>是一个空标签,里面需要属性 src 来确定图像的地址。

例：

```
<img src="img/logo.gif"/>
```

在这里我们一般使用相对路径来对图像进行定位。

4. 超级链接

网页中使用超级链接<a>标签来进行页面之间或者本页内容之间的跳转。

例：

```
<a href="http://www.baidu.com">百度一下</a>
<a href="index.html">首页</a>
```

<a href="#"></a>之间的内容为超级链接的关键词,点击这个关键词会跳转到 href 指向的链接地址。

5.表格

HTML 里使用<table></table>表示表格。表格中使用<tr>来表示行,<td>表示单元格。没有列的标签,列的数量由每个行里的<td>来定。

例:

```
<table>
    <tr>
        <td>第一行第一列</td>
        <td>第一行第二列</td>
        <td>第一行第三列</td>
        <td>第一行第四列</td>
    </tr>
    <tr>
        <td>第二行第一列</td>
        <td>第二行第二列</td>
        <td>第二行第三列</td>
        <td>第二行第四列</td>
    </tr>
</table>
```

6.表单

在 HTML 里的表单类型比较多,表单的标签是<form>。在<form>中我们一般要设置两个属性,一个是 method,一个是 action。

不同<input>类型通过 type 属性来进行区分,如<textarea>文本域、<button>按钮、<select>列表框等。

例:

```
<h3>用户注册表</h3>
<form method="post" action="login.asp">
    用户名:
    <input type="text" id="name" name="name"/>
    <br/>
    密码:
    <input type="password" id="key" name="key"/>
    <br/>
    性别:
    <input type="radio" name="sex" id="male" value="male"/>
    <label for="male">男</label>
    <input type="radio" name="sex" id="female" value="female"/>
    <label for="female">女</label>
    <br>
```

```
兴趣爱好：
<input type="checkbox" name="love" id="reading" value=
"reading"/>
   <label for="reading">阅读</label>
   <input type="checkbox" name="love" id="drawing" value=
"drawing"/>
   <label for="drawing">绘画</label>
   <input type="checkbox" name="love" id="singing" value=
"singing"/>
   <label for="singing">唱歌</label>
   <input type="checkbox" name="love" id="pingpang" value=
"pingpang"/>
   <label for="pingpang">乒乓球</label>
   <br/>
   <input type="submit" value="提交"/>
   <input type="reset" value="重置"/>
</form>
```

7. 框架

框架标签(<frame>)可以将浏览器的窗口分成多个区域,每个区域可以单独显示一个 HTML 文件,各个区域也可以相关联地显示某一个内容。

我们会在后面的章节里按照类别详细讲解 HTML 的各种应用。

2.1.3　HTML 里的文件结构

HTML 有自己的文件结构：

```
<!DOCTYPE html>                          <!--文档声明-->
<html>                                   <!--html根标签-->
   <head>                                <!--head头部信息开始-->
        <title>html的文件结构</title>
   </head>                               <!--head头部信息结束-->
   <body>                                <!--body主体部分开始-->

   </body>                               <!--body主体部分结束-->
</html>                                  <!--html根标签结束-->
```

这个文件结构是 HTML 的固定写法。在 HTML5 里虽然可以省略这些标签,直接写内容,但是建议大家写全,因为大部分程序员还是习惯这样写。

2.1.4 HTML 里的文档流结构

Web 下载和读取 HTML 是自上而下进行的。首先读取的是文档声明，代表了这个文档所采用的标准。然后是 HTML 里的 head 部分，head 部分主要是一些配置信息，比如字符编码、文档标题、元信息和一些链接信息等。然后是 body 部分，body 里的内容就是最终呈现在用户眼前的内容。HTML 的标签主要有以下几个大的类别：

1.块状(block)元素

每个块级元素都从新的一行开始，并且其后的元素也另起一行。元素的高度、宽度、行高以及顶部和底部边距都可进行设置。元素宽度在不设置的情况下，是它本身父容器的 100%（和父元素的宽度一致），除非设定一个宽度。我们可以使用 CSS 样式 display:block，将元素转换为块状元素。常见的 `<div>`、`<p>`、`<h1>`、`<form>`、`<ul>` 和 `<li>` 等都默认属于块状元素。另外 HTML5 里新增的语义化结构标签 `<section>` `<header>` `<nav>` `<footer>` 等也都属于块状元素。

2.内联(inline)元素

内联元素也叫行内元素。它和其他元素在一行上，元素的高度、宽度及顶部和底部边距不可设置，元素的宽度就是它包含的文字或图片的宽度，不可改变。我们可以使用 CSS 样式 display:inline，将元素转换为内联元素。`<span><a><label><strong><em>` 就是典型的内联元素。

3.内联块状(inline-block)元素

这是 CSS2.1 里新增的元素类别。内联块状元素同时具备内联元素、块状元素的特点，内联块状元素和其他元素在一行上，元素的高度、宽度、行高和底边距可以进行设置。我们可以使用 CSS 样式 display:inline-block，将元素设置为内联块状元素。`<img><input>` 就是典型的内联块状元素。

HTML 文档在呈现的时候，如果没有使用 CSS 改变网页布局的方式，默认采用的就是文档流的布局方式。块状元素会在所处的包含元素内自上而下按顺序垂直延伸分布，因为在默认状态下，块状元素的宽度都为 100%。实际上，块状元素会以行的形式占据位置，内联元素会在所处的包含元素内从左到右水平分布显示。

在 HTML 里,一般使用结构标签来进行网页布局,也就是把一些元素放在一对结构标签里形成一个块,网页页面就由一个个块构成。

在 HTML4.01 中我们主要使用 div 来包装网页里的元素。<div></div>就是一对结构标签。它本身没有什么语义,就是块的意思。我们可以把网页的不同部分进行切分,放到一个个 div 里。

在 HTML5 中,新增了语义化的结构标签。

(1) section:独立内容区块,可以用 h1~h6 组成大纲,表示文档结构,也可以有章节、页眉、页脚、页眉或文档中的其他部分;

(2) article:特殊独立区块,定义外部的内容/规定独立的自包含内容代表了文档、页面或者是应用程序中独立完整的可以被外部引用的内容;

(3) aside:标签内容之外与标签内容相关的辅助信息;

(4) header:某个区块的头部信息/标题;

(5) hgroup:该标签被用来对一系列<h1>~<h6>元素进行分组用于对网页或区段(section)的标题进行组合;

(6) footer:底部信息;

(7) nav:导航链接;

(8) figure:独立的单元,例如某个有图片与内容的新闻块。

如果我们想要打破文档流的布局方式,那么我们需要在 CSS 里进行设置。这个我们会在后面的章节里进行介绍。

2.2 美化页面的 CSS

CSS 全称为 Cascading Style Sheets(层叠样式表),它主要是用于定义 HTML 内容在浏览器内的显示样式,如文字大小、颜色、字体加粗等。

如下列代码:

```
p{
    font-size:12px;
    color:red;
    font-weight:bold;
}
```

使用 CSS 样式的一个好处是通过定义某个样式，可以让不同网页位置的文字有着统一的字体、字号或者颜色等。

2.2.1 CSS 的插入形式

CSS 样式可以写在哪些地方呢？从 CSS 样式代码插入的形式来看基本可以分为内联式、嵌入式和外部式三种。

1.内联式

内联式 CSS 样式表就是把 CSS 代码直接写在现有的 HTML 标签中，例如下面的代码：

```
<p style="color:red">这里文字是红色。</p>
```

注意 CSS 代码要写在元素的开始标签里，下面这种写法是错误的：

```
<p>这里文字是红色。</p style="color:red">
```

并且 CSS 样式代码要写在 style="" 的双引号中，如果有多条 CSS 样式代码需要设置可以将它们写在一起，中间用分号隔开。例如下面的代码：

```
<p style="color:red;font-size:12px">这里文字是红色。</p>
```

例：

```
<!DOCTYPE html>
<html>
<head>
<meta charset="utf-8">
<title>CSS的引入方式</title>
</head>
<body>
<h1 style="font-family:Microsoft Yahei;
font-size:16px; text-align:center"> CSS的引入方式</h1>
<p style="font-size:12px;text-indent:2em;line-height:1.5em">
css样式可以写在哪些地方呢？从css 样式代码插入的形式来看基本可
以分为以下3种：内联式、嵌入式和外部式三种。</p>
<h2 style="font-family:Microsoft Yahei;font-size:14px">内联式
</h2>
<p style="font-size:12px;text-indent:2em;line-height:1.5em">
内联式css样式表就是把css代码直接写在现有的HTML标签中。</p>
```

```
<h2 style="font-family:Microsoft Yahei;font-size:14px">嵌入式</h2>
<p style="font-size:12px;text-indent:2em;line-height:1.5em">
嵌入式css样式，就是可以把css样式代码写在style标签之间。</p>
<h2 style="font-family:Microsoft Yahei;font-size:14px">外部式</h2>
<p style="font-size:12px;text-indent:2em;line-height:1.5em">
内联式css样式表就是把css代码直接写在现有的HTML标签中。</p>
</body>
</html>
```

浏览器效果：

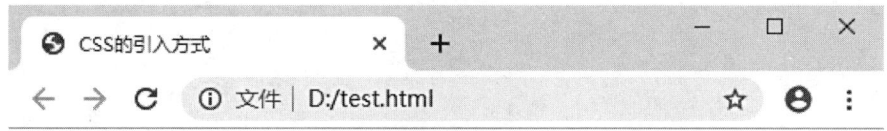

图 2-2　使用内联式 CSS 的页面在浏览器中显示的效果

从上述例子中我们可以看出内联式主要存在两个问题：

（1）将样式写在标签内，使得标签看起来非常庞杂，影响可读性。

（2）同样的标签即使使用同样的样式，也需要重复加入，增加工作量。

2. 嵌入式

嵌入式 CSS 样式，就是可以把 CSS 样式代码写在<style type=" text/css"></style>标签之间。例如下面的代码实现了把<span>标签中的文字设置为红色：

```css
<style type="text/css">
span {
    color: red;
}
</style>
```

嵌入式 css 样式必须写在<style></style>之间，并且一般情况下嵌入式 css 样式写在<head></head>之间。

例：

```html
<!DOCTYPE html>
<html>
<head>
<meta charset="utf-8">
<title>CSS的引入方式</title>
<style type="text/css">
h1{
    font-family:Microsoft Yahei;
    font-size:16px;
    text-align:center;
    }
h2{
    font-family:Microsoft Yahei;
    font-size:14px;
    }
p{
    font-size:12px;
    text-indent:2em;
    line-height:1.5em;
    }
</style>
</head>
<body>
    <h1>CSS的引入方式</h1>
    <p>CSS样式可以写在哪些地方呢？从CSS 样式代码插入的形式来看基本可以分为内联式、嵌入式和外部式三种。</p>
    <h2>内联式</h2>
    <p>内联式css样式表就是把css代码直接写在现有的HTML标签中。</p>
    <h2>嵌入式</h2>
    <p>嵌入式css样式，就是可以把css样式代码写在style标签之间。</p>
    <h2>外部式</h2>
    <p>内联式css样式表就是把css代码直接写在现有的HTML标签中。</p>
</body>
</html>
```

浏览器效果：

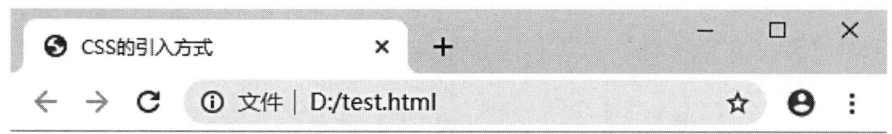

图 2-3 使用嵌入式 CSS 的页面在浏览器中显示的效果

首先嵌入式将样式脱离出 HTML 标签，使得 HTML 标签更加简洁美观，其次避免了一些相同样式的重复性编写。但是嵌入式存在一个问题，想象一下，一个 HTML 内容很复杂的 Web 页面，每写一个部分都要回到<head>部分去编写 CSS 样式，然后再回到 HTML 部分编写 HTML 内容，也非常不方便。

3.外部式

外部式 CSS 样式（也可称为外联式）就是把 CSS 代码写一个单独的外部文件中，这个 CSS 样式文件以".css"为扩展名，在<head>内（不是在<style>标签内）使用<link>标签将 css 样式文件链接到 HTML 文件内，例如下面的代码：

```
<link href="base.css" rel="stylesheet" type="text/css" />
```

> 注意：
> 1.CSS 样式文件尽量以有意义的英文字母命名，如 main.css。
> 2.rel="stylesheet" type="text/css"是固定写法，不可修改。
> 3.<link>标签一般写在<head>标签之内。

例：

HTML 代码：

```html
<!DOCTYPE html>
<html>
<head>
<meta charset="utf-8">
<title>CSS的引入方式</title>
<link href="main.css" rel="stylesheet" type="text/css"/>
</head>
<body>
    <h1>CSS的引入方式</h1>
    <p>CSS样式可以写在哪些地方呢？从CSS 样式代码插入的形式来看基本可以分为以下3种：内联式、嵌入式和外部式三种。</p>
    <h2>内联式</h2>
    <p>内联式css样式表就是把css代码直接写在现有的HTML标签中。</p>
    <h2>嵌入式</h2>
    <p>嵌入式css样式，就是可以把css样式代码写在style标签之间。</p>
    <h2>外部式</h2>
    <p>内联式css样式表就是把css代码直接写在现有的HTML标签中。</p>
</body>
</html>
```

CSS 代码：

```css
@charset "utf-8";
/* CSS Document */
h1{
    font-family:Microsoft Yahei;
    font-size:16px;
    text-align:center;
    }
h2{
    font-family:Microsoft Yahei;
    font-size:14px;
    }
p{
    font-size:12px;
    text-indent:2em;
    line-height:1.5em;
    }
```

浏览器效果：

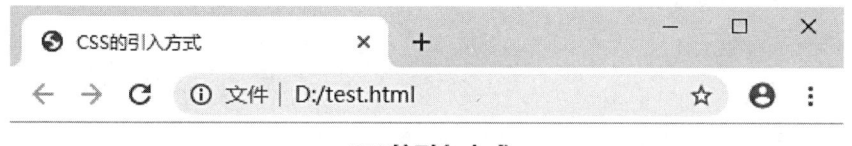

图 2-4　使用外部式 CSS 的页面在浏览器中显示的效果

外部式彻底分离了内容和样式，让两者成为两个独立的文件，使得我们的工作更加高效简洁。

在相同权值下，如果同个文件采用了三种 CSS 方式，那么可采用就近原则（离被设置元素越近，优先级别越高）：

内联式>嵌入式>外部式

例：

HTML 部分：

```
<!DOCTYPE html>
<html>
<head>
<meta charset="utf-8">
<title>CSS的引入方式</title>
<link href="main.css" rel="stylesheet" type="text/css"/>
<style type="text/css">
  h1{color:#C00;}
  h2{color:#0CC;}
</style>
</head>
<body>
    <h1>css的引入方式</h1>
    <p>css样式可以写在哪些地方呢？从css 样式代码插入的形式来看基本可以分为：内联式、嵌入式和外部式三种。</p>
    <h2 style="color:#FF0">内联式</h2>
```

```html
        <p>内联式css样式表就是把css代码直接写在现有的HTML标签中。</p>
        <h2>嵌入式</h2>
        <p>嵌入式css样式，就是可以把css样式代码写在style标签之间。</p>
        <h2>外部式</h2>
        <p>内联式css样式表就是把css代码直接写在现有的HTML标签中。</p>
</body>
</html>
```

CSS 部分：

```css
@charset "utf-8";
/* CSS Document */
h1{
    font-family:Microsoft Yahei;
    font-size:16px;
    text-align:center;
    color:#000;
    }
h2{
    font-family:Microsoft Yahei;
    font-size:14px;
    color:#000;
    }
p{
    font-size:12px;
    text-indent:2em;
    line-height:1.5em;
    color:#000;
    }
```

浏览器效果：

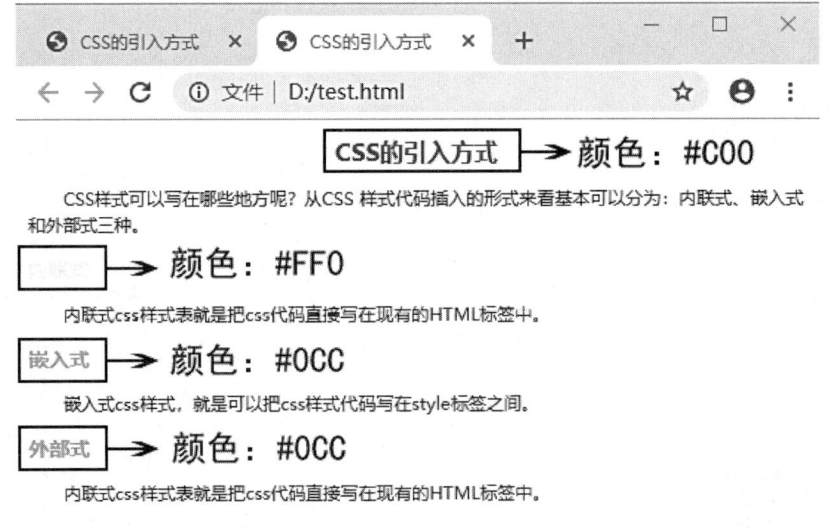

图 2-5　综合使用了三种 CSS 引入方式的页面在浏览器中显示的效果

在外部式中,所有元素的颜色都是#000;在嵌入式中,h1 标题的颜色是#C00,h2 标题的颜色是#0CC。h1 标题没有使用内联式,所以颜色是嵌入式的#C00;h2 标题中,第一个 h2 标题使用了内联式样式,color:#FF0,所以它的颜色是黄色,而其他两个未使用内联式样式的 h2 标题的颜色采用的就是嵌入式的#0CC。

2.2.2 CSS 的书写规范

1.代码格式

CSS 样式由选择符和声明组成,而声明又由属性和值组成,如图 2-6 所示:

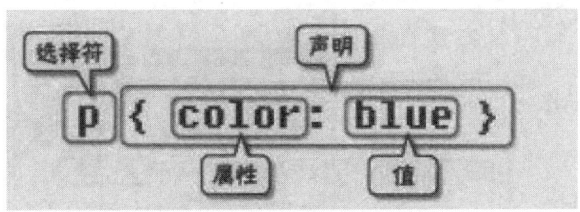

图 2-6　CSS 样式的组成

选择符:又称选择器,指明网页中要应用样式规则的元素,如本例中是网页中所有的段落(p)的文字将变成蓝色,而其他的元素(如 ol)不会受到影响。

声明:在英文大括号"{}"中的内容就是声明,属性和值之间用英文冒号":"分隔。当有多条声明时,中间可以英文分号";"分隔,如下所示:

```
p{font-size:12px;color:red;}
```

2.CSS 注释

就像 HTML 的注释一样,在 CSS 中也有注释语句:用/* 注释语句 */来标明(HTML 中使用<!--注释语句-->)。就像下面的代码:

```
/*初始化*/
*{
    margin:0;
    padding:0;
    border:0;
}
/*初始化结束*/
```

2.2.3 CSS 的选择器

每一条 CSS 样式声明(定义)由两部分组成,形式如下:

```
选择器{
        样式;
}
```

在{ }之前的部分就是"选择器","选择器"指明了{ }中的"样式"的作用对象,也就是"样式"作用于网页中的哪些元素。

CSS 的选择器种类很多,也很强大,可以让你灵活地使用,方便地指向任何你想指向的元素。这是 CSS 功能强大的基础,所以在学习 CSS 之前必须了解 CSS 的选择器。

1.通用选择器*

通用选择器是功能最强大的选择器,它使用一个(*)号指定,作用是匹配 HTML 中所有标签元素,例如使用下面的代码能将 HTML 中任意标签元素的字体颜色全部设置为红色。

```
* {color:red;}
```

所以通常我们使用通用选择器对 HTML 文档进行初始化。

```
/*初始化*/
*{
   margin:0;
   padding:0;
   border:0;
}
/*初始化结束*/
```

初始化的目的是为了让所有浏览器的 margin、padding、border 保持一致。

2.标签选择器

标签选择器其实就是 HTML 代码中的标签里的关键词,如<p>里的 p。

我们要给 HTML 里所有的段落设置字号为 12px、行间距设置 1.6em 的样式,那么我们可以这样写 CSS:

```
p{font-size:12px;line-height:1.6em;}
```

3. 类选择器

类选择器在 CSS 样式编码中是最常用到的。它通常为需要使用同一类样式的元素统一设置一个类的名称,来对这个类别进行样式的设定。

语法:

```
.类选择器名称{css样式代码;}
```

实例:

```html
<p>这是第一个段落,这个段落里的文字是红色的。</p>
<p>这是第二个段落,这个段落里的文字是红色的。</p>
<p>这是第三个段落,这个段落里的文字是蓝色的。</p>
<p>这是第四个段落,这个段落里的文字是红色的。</p>
<p>这是第五个段落,这个段落里的文字是蓝色的。</p>
```

在这个案例中,HTML 里有五个段落,段落本身有共同的属性,比如字体、字号、行距等。也有独特的属性,比如字的颜色,其中第一、二、四段落的文字是红色的,第三、五是蓝色的。

要实现这个效果,我们可以按照以下步骤进行设定:

(1)在标签里添加 class 属性。

```html
<p class="red">这是第一个段落,这个段落里的文字是红色的。</p>
<p class="red">这是第二个段落,这个段落里的文字是红色的。</p>
<p class="blue">这是第三个段落,这个段落里的文字是蓝色的。</p>
<p class="red">这是第四个段落,这个段落里的文字是红色的。</p>
<p class="blue">这是第五个段落,这个段落里的文字是蓝色的。</p>
```

(2)在 CSS 中设定段落的共同属性。

```css
p{
    font-family:"Microsoft-Yahei";    /*字体是微软雅黑*/
    font-size:12px;                   /*字号是12px*/
    line-height:1.5em;                /*1.5倍行距*/
}
```

(3)设置特殊属性。

```css
.red{                    /*类的名称前要加一个英文圆点*/
    color:red;           /*红色的文字*/
}
.blue{                   /*类的名称前要加一个英文圆点*/
    color:blue;          /*蓝色的文字*/
}
```

> 思考：
>
> 在 CSS 样式中有以下两行代码：
>
> ```
> p{color:red;}
> .p{color:red;}
> ```
>
> 它们是一样的效果吗？

4. ID 选择器

ID 选择器主要是为 HTML 中一些独一无二的元素设定 ID 名称。它和类选择器有非常大的区别。

ID 选择器在文档中只能使用一次，而类选择器可以使用多次。

同一个元素可以归属多个类，也就是可以设置多个类的名称，ID 不可以。元素和 ID 名称之间是一一对应的。

在实际生活中，每个人都有一个独一无二的 ID 号，比如身份证号。但是类别则不同，一个人可以归属到多个类别里，比如女性、学生、中国国籍等；同样一个类别里也可以包含多个对象，比如学生这个类别里可以有非常多的人。

使用 ID 选择器的方法是：

（1）在标签里添加 ID 属性

```
<p id="name">姓名</p>
```

（2）在 CSS 中使用 ID 选择器进行样式设定

```
#name{                /*ID的名称前要加一个#号*/
    color:green;      /*绿色的文字*/
}
```

相比较而言，如果单纯为元素设定 CSS 样式，那么使用类选择器会方便很多。ID 属性一般是用于交互时其他脚本程序进行调用。

比如：

```
<input type="text" id="name" name="name" onclick="ipt()" value="请输入用户名"/>
```

在 JavaScript 语句中可以通过 ID 指向这个 input。

```
<script>
  function ipt(){
        var name=document.getElementById('name');
        name.value='';
        name.onclick='';
}
</script>
```

以上代码实现的效果是,一个文本输入框中,默认值为"请输入用户名",点击以后,里面的值清空,用户输入新的值后,再次点击,值不会清空。

5.分组选择器

当你想为 HTML 中多个标签元素设置同一个样式时,可以使用分组选择符(,),例如下面一行代码为 h1、span 标签同时设置字体颜色为红色:

```
h1,span{color:red;}
```

它相当于下面两行代码:

```
h1{color:red;}
span{color:red;}
```

6.子元素选择器

子元素选择器,即大于符号(>)用于选择指定标签元素的第一代子元素。如代码:

```
ul>li{border:1px solid red;}
```

这行代码会使无序列表 ul 的子元素 li 加上红色实线边框。

7.后代选择器

后代选择器,即加入空格,用于选择指定标签元素下的后辈元素。如代码:

```
ul a{color:#000;text-decoration:none;}
```

这行代码会使无序列表里的所有 a 元素的文字颜色变成黑色,没有特殊样式(这里的特殊样式是指浏览器默认给超级链接添加的下划线样式)。

后代选择器与子选择器的区别在于,子选择器(child selector)仅作用于它的直接后代,或者你可以理解为作用于子元素的第一代后代。而后代选择器是作用于子元素的所有后代。后代选择器通过空格来进行选择,而子选择器是通过">"进行选择的。

总结:>作用于元素的第一代后代,空格作用于元素的所有后代。

8.伪类选择器

伪类选择器能给 HTML 不存在的标签(标签的某种状态)设置样式,比如说我们可以根据 HTML 中一个标签元素的鼠标状态来设置它的字体颜色:

```
a:link{color:#333;}           /*超级链接默认文字颜色是深灰色*/
a:visited{color:#333;}        /*超级链接被访问后文字颜色是深灰色*/
a:hover{color:red;}           /*鼠标覆盖在超级链接上时,文字颜色是红色*/
a:active{color:red;}          /*鼠标点击时,文字颜色是红色*/
```

在 CSS3 中,新增了很多伪类选择器。注意,如果使用 IE 浏览器,请使用 IE10 以上的版本来测试 CSS3 效果。最好使用 Chrome 浏览器。

(1):root 选择器(根选择器)

:root 选择器,从字面上我们就可以很清楚地理解它是根选择器,意思就是匹配元素所在文档的根元素。在 HTML 文档中,根元素始终是<html>,所以:root 选择器匹配到的始终是<html>。

(2):not 选择器(否定选择器)

:not 选择器又叫否定选择器,可以选择除某个元素之外的所有元素。就拿 form 元素来说,如果你想给表单中除 submit 按钮之外的 input 元素添加红色边框,CSS 代码可以写成:

```
input:not([type="submit"]){
    border:1px solid red;
}
```

(3):empty 选择器(空选择器)

:empty 选择器用来选择没有任何内容的元素,这里没有内容指的是一点内容都没有,哪怕是一个空格。

下面的代码可以把没有任何内容的段落隐藏起来。

```
p:empty {
    display: none;
}
```

(4):target 选择器(目标选择器)

:target 选择器又叫目标选择器,用来匹配文档(页面)的 url 的某个标志符的目标元素。

HTML 代码：

```
<h2>
    <a href="#brand">Brand</a>
</h2>
<div class="menuSection" id="brand">
    content for Brand
</div>
```

CSS 代码：

```
.menuSection {
    display: none;            /*类的名称为menuSection 的元素隐藏*/
}
:target {                     /*这里的:target就是指id="brand"的div对象*/
    display: block;           /*元素类别为块状元素，内容显示*/
}
```

上面的代码实现的效果是：

页面上只显示超级链接 Brand，隐藏内容为"content for Brand"这个 div。

<u>Brand</u>

当鼠标点击超级链接 Brand 之后，其指向的目标#brand 显示出来。

<u>Brand</u>

content for Brand

（5）:first-child 选择器

:first-child 选择器表示的是选择父元素的第一个子元素的元素。简单点理解就是选择元素中的第一个子元素，记住是子元素，而不是后代元素。

HTML 代码：

```
<ul>
    <li><a href="#">设为首页</a></li>
    <li><a href="#">加入收藏</a></li>
    <li><a href="#">联系我们</a></li>
</ul>
```

CSS 代码：

```
ul {
    float: right;/*整个无序列表右浮动，浮动在《网页布局》的章节里详细讲解*/
}
ul>li {
    float: left;                    /*每个列表左浮动*/
    padding: 0 5px;                 /*左右内边距为5px*/
    border-left: 1px solid #999;/*设定左边框*/
```

```
        list-style-type: none;     /*列表样式设为无（去掉前面默认的圆点）*/
}
ul a:link, ul a:visited {
    color: #999;
    text-decoration: none;
}
ul a:hover, ul a:active {
    color: #C00;
    text-decoration: none;
}
ul > li:first-child {
    border-left: none;             /*第一个列表的左边框去掉*/
}
```

浏览器效果如下：

设为首页 | 加入收藏 | 联系我们

图 2-7　页面设置第 1 个子元素的样式后在浏览器中显示的效果

(6) :last-child 选择器

:last-child 选择器与 :first-child 选择器作用类似，不同的是 :last-child 选择器选择的是元素的最后一个子元素。例如，需要改变的是列表中的最后一个"li"的背景色，就可以使用这个选择器。

```
ul>li:last-child{background:blue;}
```

(7) :enabled 和 :disabled 选择器

在 Web 的表单中，有些表单元素有可用（:enabled）和不可用（:disabled）状态，比如输入框、密码框、复选框等。在默认情况下，这些表单元素都处在可用状态。那么我们可以通过伪选择器":enabled"为这些表单元素设置样式。

```
input[type="text"]:enabled {
    background: #ccc;
    border: 2px solid red;
}
```

:disabled 选择器刚好与 :enabled 选择器相反，用来选择不可用的表单元素。要正常使用 :disabled 选择器，需要在表单元素的 HTML 中设置 disabled 属性。

```
input[type="text"]:disabled {
        background: rgba(0,0,0,.15);
        border: 1px solid rgba(0,0,0,.15);
        color: rgba(0,0,0,.15);
}
```

(8) :checked 选择器

在表单元素中,单选按钮和复选按钮都具有选中和未选中两个状态。(大家都知道,要覆写这两个按钮的默认样式比较困难。)在 CSS3 中,我们可以通过状态选择器:checked 配合其他标签实现自定义样式。而 checked 表示的是选中状态。

(9) ::selection 选择器

::selection 选择器是用来匹配突出显示的文本(用鼠标选择文本时的文本)。浏览器默认情况下,用鼠标选择的网页文本是以"深蓝的背景,白色的字体"显示的。

```
/*E9+, Opera, Google Chrome和Safari支持::selection选择器*/
::selection {
  background: red;
  color: green;
}
/*Firefox 通过其私有属性 ::-moz-selection 支持*/
::-moz-selection {
  background: red;
  color: green;
}
```

(10) :read-only 选择器和 :read-write 选择器

:read-only 伪类选择器用来指定处于只读状态的元素的样式。简单点理解就是,元素中设置了 readonly="readonly"。

HTML 代码:

```
<input type="text" name="key" id="key" value="请先输入用户名" readonly="readonly" />
```

CSS 代码:

```
input[type="text"]:read-only {
  border-color: #ccc;
}
/*Firefox 通过其私有属性 ::-moz-read-only 支持*/
input[type="text"]:-moz-read-only {
  border-color: #ccc;
}
```

:read-write 选择器刚好与:read-only 选择器相反,主要用来指定当元素处于非只读状态时的样式。

(11)::before 和::after 选择器

::before 和::after 这两个选择器主要是用来给元素的前面或后面插入内容,常和"content"配合使用,使用的场景最多的就是清除浮动。

清除浮动的写法我们将在 9.6《浮动模型布局》里详细讲解。

2.2.4 常用单位

在 CSS 中,我们常常使用 px、em、rem、百分比等单位。

1.px 像素

我们在进行固定布局的时候,通常将 px 像素作为单位。

2.em

我们第一次使用 em 是在实现段落文字缩进效果的时候,即 text-indent:2em;文字缩进两个字符。这里的字符指的是段落本身的文字大小。

比如 `p{font-size:20px;text-indent:2em;}`,这里的 1em 等于 20px。

`p{font-size:10px;text-indent:2em;}`,这里的 1em 等于 10px。

也就是说 em 的值和它自己的标签的文字大小是一样的。(注意:不是父级的文字大小,如果和父级文字大小一样,也是因为继承。)

3.rem

rem 是<html>的字符大小。

浏览器默认的字符大小是 16px,所以如果将 html 的字符大小设成 62.5%,那么 1rem 就是 10px。

```
html{font-size:62.5%;}  /*1rem=10px 不会因为其他标签设置font-size大小的不同而改变*/
```

当然,因为 Chrome 浏览器最小字符大小是 12px,所以我们也可以这样设置代码:

```
html{font-size:625%;}  /*1rem=100px*/
```

另外需要注意的是，手机浏览器在打开网页或在横屏和竖屏之间切换时，会自动调整网页文字大小。我们可以禁止浏览器自动改变文字大小。

```
html {
    -ms-text-size-adjust: 100%;
    -webkit-text-size-adjust: 100%;
}
```

2.2.5 CSS 常用属性

CSS 的属性非常多，我们这里介绍一些常用的并且是共有的属性，其他一些元素常用的属性在后面章节讲解。

1.块状元素的盒子模型

在讲这些属性之前，我们先要了解一下盒子模型。注意，这个盒子模型适用于所有的块状元素，不论是默认块状元素，还是通过 display:block 转换成块状元素的元素。

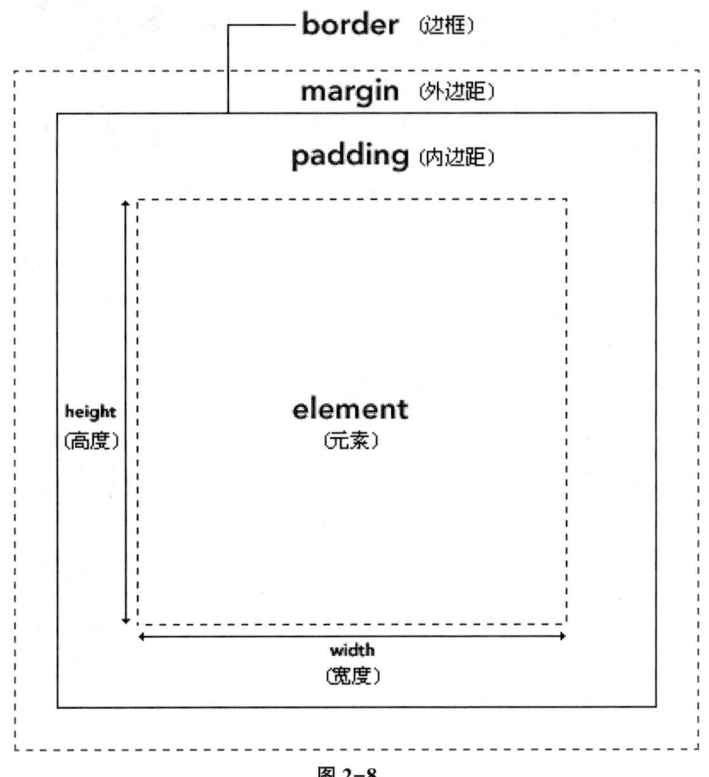

图 2-8

块状元素可以设置宽度和高度,如果没有设置宽度,元素会继承父级的宽度。高度也可以设置,如果没有设置,则由内容撑起高度。

在元素的外围,可以为它设置一个边框,元素与边框之间的距离叫 padding,即内边距(也叫填充),边框外边与其他元素之间的距离叫 margin,即外边距。

我们也可以这样理解:我们从淘宝上购买了一个手机,卖家会对手机进行包装,手机就是我们的元素,它本身有宽度和高度,包装盒就相当于我们的边框,包装盒与手机之间的泡沫填充物就叫 padding,即内边距(也叫填充),一个包装盒与其他包装盒之间的距离,我们叫 margin,即外边距。

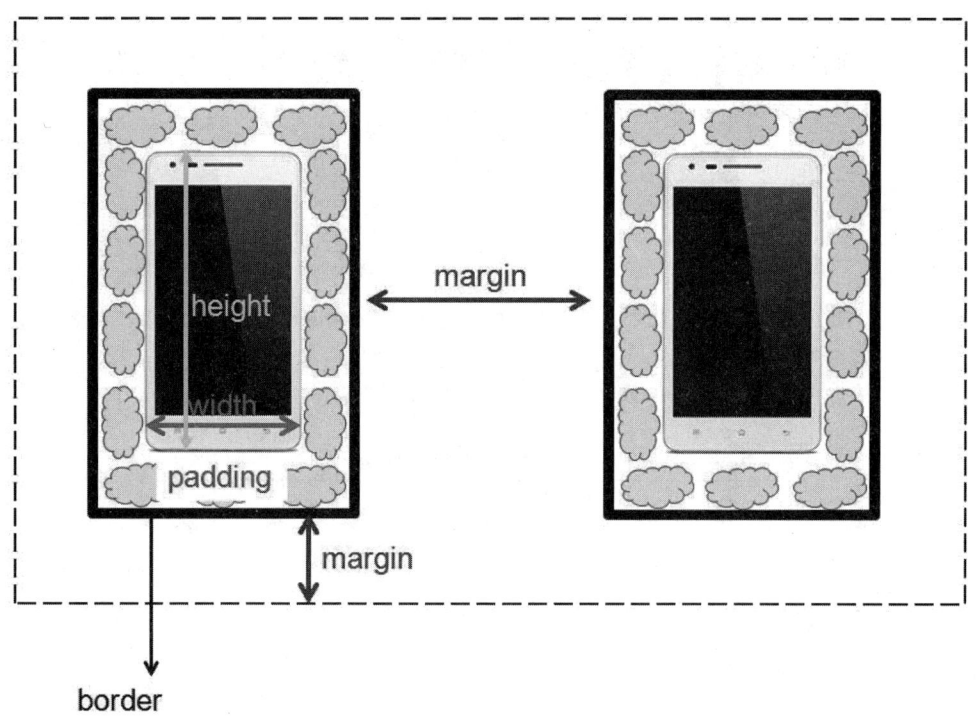

图 2-9

(1)宽度和高度

css 内定义的宽(width)和高(height),指的是内边距以里的内容范围。

因此一个元素实际宽度(盒子的宽度)= 左外边距+左边框+左内边距+内容宽度+右内边距+右边框+右外边距。

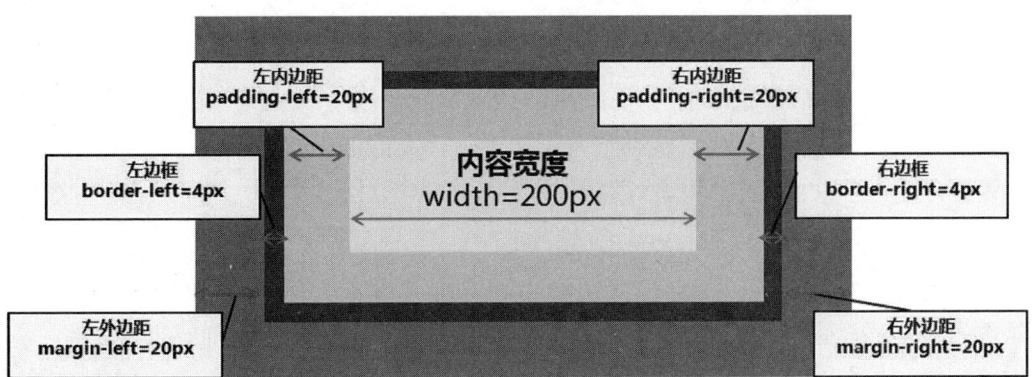

图 2-10　元素所占宽度的计算

在 CSS3 中我们可以对宽度进行重新定义。

```
box-sizing: content-box|border-box|inherit
```

表 2-1　CSS3 中对宽度的重新定义

值	说明
content-box	这是 CSS2.1 指定的宽度和高度的行为。指定元素的宽度和高度(最小/最大属性)适用于 box 的宽度和高度。元素的填充和边框布局和绘制指定宽度和高度除外。
border-box	指定宽度和高度(最小/最大属性),确定元素边框 box。也就是对元素宽度和高度包括 padding 和 border 的指定。通过从已设定的宽度和高度分别减去边框和内边距才能得到内容的宽度和高度。
inherit	指定 box-sizing 属性的值,应该从父元素继承。

(2) 边框

我们可以设置盒子模型的边框的粗细、样式和颜色(边框三个属性)。

如下面的代码为 div 标签设置了粗细为 2px、样式为实心的、颜色为红色的边框:

```
div{border:2px solid red;}
```

上面是 border 代码的缩写形式,可以分开写为:

```
div {
    border-width: 2px;
    border-style: solid;
    border-color: red;
}
```

> **注意**：
> border-style(边框样式)常见样式有：
> dashed(虚线) | dotted(点线) | solid(实线) | double(双线)。

如果想为 div 标签单独设置一个边框，而其他三边都不设置边框样式，或者为四条边的边框都设置不同的样式，那么我们需要分别对每条边的边框样式进行设置。如下面的代码为每条边设置了不同粗细的边框：

```css
div {
    border-top: 1px solid blue;
    border-right: 2px solid blue;
    border-bottom: 4px solid blue;
    border-left: 3px solid blue;
}
```

边框的用途非常多，它不仅仅限于我们常理解的边框，还可以实现其他效果。比如分割线、下划线等。

实例：分割线的制作

HTML 代码：

```html
<div class="top"></div>
<div class="bottom"></div>
```

CSS 代码：

```css
.top {
    width: 100%;
    height: 120px;
    background-color: #E5E5E5;          /*背景颜色为浅灰色*/
    border-bottom: 1px solid #999;      /*下边框是一条深灰色的线*/
}
.bottom {
    width: 100%;
    height: 200px;
    background-color: #E5E5E5;          /*背景颜色为浅灰色*/
    border-top: 1px solid #fff;         /*上边框是一条白色的线*/
}
```

浏览器效果：

图 2-11　分割线效果

CSS3 对边框有了新的扩展（CSS3 效果需要在 IE10 及以上版本观看，建议使用 Chrome 浏览器进行测试）。例如圆角效果 border-radius：

```
border-radius:10px;     /*所有角都使用10px的圆角*/
border-radius:5px 4px 3px 2px;  /*左上角、右上角、右下角、左下角分别是5px、4px、3px、2px的圆角*/
```

除了可以使用 px 作为单位，也可以使用百分比或 em（em 是指元素本身中文字一个字符的宽度）。

我们可以使用圆角效果来制作圆形或圆环。

HTML 代码

```
<div class="circle"></div>
```

实心圆的 CSS 代码：

```
.circle {
    width: 150px;
    height: 150px;
    background-color: red;          /*背景颜色为红色*/
    border-radius: 150px;           /*也可以写border-radius:100%;*/
}
```

圆环的 CSS 代码：

```
.circle {
    width: 150px;
    height: 150px;
    border: 20px solid red;         /*边框颜色为红色，也就是圆环的颜色*/
    border-radius: 150px;           /*也可以写border-radius:100%;*/
}
```

大家可以试试给每条边框设置不同的颜色,看看会是什么样子。

(3)内边距

元素内容与边框之间的距离是可以设置的,我们称之为"内边距",也可以称之为"填充"。内边距分为上、右、下、左(顺时针)。如下:

```
div {
    padding: 20px 10px 15px 30px;
}
```

顺序一定不要搞混。上面代码可以分开写为:

```
div {
    padding-top: 20px;
    padding-right: 10px;
    padding-bottom: 15px;
    padding-left: 30px;
}
```

如果上、右、下、左的内边距都为10px,可以这么写:

```
div {
    padding: 10px;
}
```

如果上下内边距一样为10px,左右一样为20px,可以这么写:

```
div {
    padding: 10px 20px;
}
```

内边距的使用频率也是非常的高。比如:

```
<input type="text" name="name" style="padding:0px 10px"/>
```

样式初始化时,如果我们把所有的内边距都设为0,那么文本输入框的文字就会顶着头进行输入,视觉效果不好,我们可以自己设定一定的内边距,让文字和边框有些距离。

(4)外边距

元素与其他元素之间的距离可以使用外边距(margin)来设置。外边距同样分为上、右、下、左。如下:

```
div {
    margin: 20px 10px 15px 30px;
}
```

也可以分开写为：

```
div {
    margin-top: 20px;
    margin-right: 10px;
    margin-bottom: 15px;
    margin-left: 30px;
}
```

如果上右下左的外边距都为 10px，可以这么写：

```
div {
    margin: 10px;
}
```

如果上下外边距同样为 10px，左右同样为 20px，可以这么写：

```
div {
    margin: 10px 20px;
}
```

总结一下 padding 和 margin 的区别：padding 在边框里，margin 在边框外。所以在使用的时候，可以参考边框来进行设置。

（5）阴影 box-shadow

box-shadow 是 CSS3 新增的样式属性。

box-shadow 是向盒子添加阴影，支持添加一个或者多个。

语法如下：

box-shadow:X 轴偏移量 Y 轴偏移量[阴影模糊半径][阴影扩展半径][阴影颜色][投影方式]；

> **注意：**
> 投影方式设成 inset 时是内部阴影方式，如果省略是外部阴影方式。只可以写在参数的第一个或最后一个位置上。

```
.box_shadow {
    box-shadow: 4px 2px 6px #333333;
}
```

（6）背景颜色 background-color

background-color 可以为盒子设定背景颜色。

CSS 颜色采用 RGB 模式，即由红色、绿色、蓝色混合而成。颜色可以使用颜色值或者颜色名。颜色值以#开头,后面是 6 个十六进制数字。每两个数字代表一个颜色的值,顺序是红、绿、蓝。比如#FF0000,其中红色的值是 ff(十进制就是 255),绿色和蓝色都是 0。在 RGB 颜色中,每种颜色的最小值是 0(十六进制:#00),最大值是 255(十六进制:#FF)。

当然我们可以借助一些图像软件比如 Photoshop 等,去网页设计图里吸取颜色,直接复制 RGB 值。

除了颜色值,我们还可以使用符合 W3C 标准支持的颜色名。

提示:仅仅有 16 种颜色名被 W3C 的 HTML4.0 标准所支持。它们是:aqua,black,blue,fuchsia,gray,green,lime,maroon,navy,olive,purple,red,silver,teal,white,yellow。

如果需要使用其他的颜色,需要使用十六进制的颜色值。

CSS3 对颜色也进行了扩展,新增了不透明度,也就是采用了 RGBA 模式。RGBA 是在 RGB 的基础上增加了控制 alpha 透明度的参数。

color:rgba(R,G,B,A)

例:

```
background-color:rgba(100,120,60,0.5);
```

并且在 CSS3 中可以设定渐变颜色。CSS3 Gradient 分为线性渐变(linear)和径向渐变(radial)。

线性渐变:

```
linear-gradient(to bottom,#fff,#999)    /*to bottom也可写作180deg*/
```

径向渐变:

```
radial-gradient(center, shape, size, start-color, ...,
last-color);
```

2.3 实现页面交互的 JavaScript

JavaScript 是一种基于对象和事件驱动的脚本语言。

需要注意的是 JavaScript≠Java。虽然两者名称里都有 Java,但是就像老婆饼和老婆一样,两者之间没有关联。

HTML 本身不能为网页提供动态支持,也不能接受用户输入,更不能对用户请求作出反应。JavaScript 可以嵌入 HTML 页面中使网页具有动态效果,并具有交互性,它的出现弥补了 HTML 语言的缺陷。

2.3.1 JavaScript 的引入与添加

在 HTML 里添加 JavaScript 主要有两种方式:

1. 在 HTML 里写 javascript 脚本

```
<script type="text/javascript">
    alert("Hello world!");
</script>
```

在 HTML5 里我们可以省略 type 属性,直接这样写:

```
<script>
    alert("Hello world!");
</script>
```

可以写在<head>里,也可以写在<body>里。

2. 引入 js 文件

```
<script src="js/main.js"></script>
```

一般写在<head>里。

2.3.2 JavaScript 的书写规范

所有的计算机语言都有自己的一套语法规则,JavaScript 也不例外。

1. 代码格式

在 JavaScript 程序中,每条功能执行语句的最后都必须以英文分号结束。一个单独的分号也可以表示一条语句,这种语句叫空语句。

比如：

```
alert('Hello World!');
```

2.JavaScript 注释

为程序添加注释可以起到解释程序的作用,提高程序的可读性。也可以使用注释屏蔽某些语句,让浏览器忽略这些语句。等到需要的时候,只要取消注释标记,这些语句又可以使用了。

JavaScript 有两种注释方式:单行注释和多行注释

(1)单行注释　//注释内容

单行注释以两个斜杠开头,然后在该行中书写注释文字,注释内容不能超过一行。

```
var sum=0;        //声明变量sum
```

(2)多行注释　/*注释内容*/

多行注释也叫注释块,它表示/* */中的所有文字都是注释的内容。注释内容可以跨越多行,但是不能有嵌套的注释。例如:

```
/*这是一个多行注释，这一行是注释的开始
函数定义的开始
……
函数定义的结束*/
```

2.3.3 交互初体验——弹出警告框

我们现在来制作一个最简单的交互效果。当我们点击按钮以后,弹出一个对话框。

```html
<!doctype html>
<html>
<head>
<meta charset="utf-8">
<title>弹出警告框</title>
</head>
<body>
<button type="button" onclick="alert('欢迎学习web前端开发')">
    点击我
</button>
</body>
</html>
```

浏览器效果：

图 2-12　弹出警告框效果

2.3.4　数据类型

JavaScript 包含下面 5 种原始数据类型：

1.Undefined

Undefined 类型只有一个值，就是 Undefined。当声明的变量未初始化时，该变量的默认值是 Undefined。

2.Null

空值，Null 类型（空型）只有一个值，就是 Null。Null 代表一个空对象指针，表示"没有对象"。Undefined 派生自 Null 值，当变量声明却未赋值时，其值为 Undefined。

3.Boolean

布尔类型，包含 true（真）和 false（假）两个值。0 可以看成 false，1 可以看成 true。

4.String

字符串类型，由单引号或双引号括起来的字符。

5.Number

数值类型，可以是 32 位、64 位整数或浮点数。Number.MAX_VALUE 表示最大的数值，Number.MIN_VALUE 表示最小的数值。

例:输出 JavaScript 支持的最大数值和最小数值

```
<script>
   document.write(Number.MAX_VALUE);
   document.write('<br>');
   document.write(Number.MIN_VALUE);
</script>
```

2.3.5 常量

JavaScript 的常量又称为字面常量,是程序中不能改变的数据,与数据类型相对应,有以下几种常量:

1. 整型常量

整型常量可以使用十六进制、八进制和十进制的数字表示。

2. 实型常量

实型常量可以由整数部分加小数部分表示,如 12.12、11.376 等。也可以使用科学记数法表示,如 6E8、7e6 等。

3. 布尔值

布尔常量只有两种状态:True(真)或 False(假)。它可以用来说明一种状态或标识,以控制操作流程。

4. 字符串常量

JavaScript 中没有单独的字符常量,只有由若干字符所组成的字符串常量。字符串常量是使用单引号或双引号括起来的一个或几个字符,如′abc′、′JavaScript′等。

5. Null 常量

JavaScript 中的 null 常量表示一个变量所指向的对象为空值。

6. 特殊字符

JavaScript 中包含一些以反斜杠(\)开头的不可显示的特殊字符,通常称为控制字符。

JavaScript 的特殊字符如下表所示：

表 2-2　JavaScript 中的特殊字符

特殊字符	具体描述
\'	单引号，在使用单引号(')括起来的字符型常量中如果需要再次使用单引号，则以\'替代
\"	双引号，在使用双引号(")括起来的字符型常量中如果需要再次使用单引号，则以\"替代
\&	& 符号
\\	反斜杠
\n	换行符
\r	回车符
\t	制表符
\b	退格符
\f	换页符

2.3.6　变量

与其他编程语言一样，JavaScript 也是使用变量存储数据的。变量就是程序中一个已命名的存储单元，主要作用是存取数据和提供存放信息的容器。

变量由变量名、类型和变量值三个属性构成。JavaScript 是弱类型语言，因此它不像大多数编程语言那样强制限定每种变量的类型，甚至变量的类型还可以更改。

1.变量的命名

给变量命名时要遵守以下几点规则：

（1）变量名的第一个字符必须是字母、下划线(_)或美元符号（＄），其他字符可以是字母、下划线或数字。变量名中不允许出现空格、"+""-"等其他符号。

（2）不能使用 JavaScript 中的保留字作为变量名，如 var、int、double、true 等都不能作为变量的名称。

（3）JavaScript 变量名对大小写敏感，也就是说 sum、Sum、SUM 是不同的变量。

（4）在对变量进行命名时，最好把变量名与其代表的内容含义对应起来，以便能方便地区分变量的含义，如 name、music 等。

2.变量的声明

在 JavaScript 中,可以使用 var 关键字声明变量,声明变量时不要求指明变量的数据类型。例如:

```
var name;
```

也可以在声明变量时为其赋值,这个过程被称为变量的初始化。例如:

```
var name='张三';
```

或者不声明变量,而直接在赋值语句中隐式地声明变量。例如:

```
name='张三';
```

为了提高程序的可读性和正确性,建议对所有的变量都使用关键字 var 进行声明,这样可以区分变量和直接量。此外,全局变量必须使用 var 声明。

例:

```
<!DOCTYPE html>
<html>
<head>
<meta charset="utf-8">
<title>变量的声明</title>
</head>
<body>
<script>
   var sum;
   var x=200,y=300;       /*一次声明多个变量,变量之间用逗号(,)隔开*/
   document.write('x变量的值为'+x+'<br>');
   document.write('y变量的值为'+y+'<br>');
   document.write('x和y的和是sum, sum的值为: '+'<br>');
   document.write('sum='+(x+y));
</script>
</body>
</html>
```

浏览器效果:

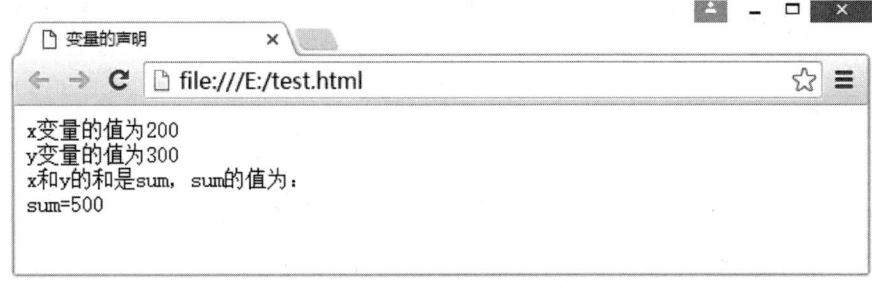

图 2-13　声明变量

3.变量的赋值

在程序的任何位置需要改变变量的值时,都可以使用赋值语句来为变量赋值。赋值语句由变量名、等号以及确定的值组成。

例如:

```
var x=5;    /*第一次出现该变量名时,在声明变量的同时进行赋值*/
```

或

```
x=5;        /*给变量x赋值*/
```

注意这里的"="是赋值符号,而不能简单地理解为等于。

例:

```
<!DOCTYPE html>
<html>
<head>
<meta charset="utf-8">
<title>变量的赋值</title>
</head>
<body>
<script>
    var x=100;
    document.write('x的值是'+x+'<br>');
    document.write('x的类型是'+typeof(x)+'<br>');
    x=300;
    document.write('改变后x的值是'+x+'<br>');
    document.write('改变后x的类型是'+typeof(x)+'<br>');
    x='300';
    document.write('再次改变后x的值是'+x+'<br>');
    document.write('再次改变后x的类型是'+typeof(x)+'<br>');
</script>
</body>
</html>
```

浏览器效果是:

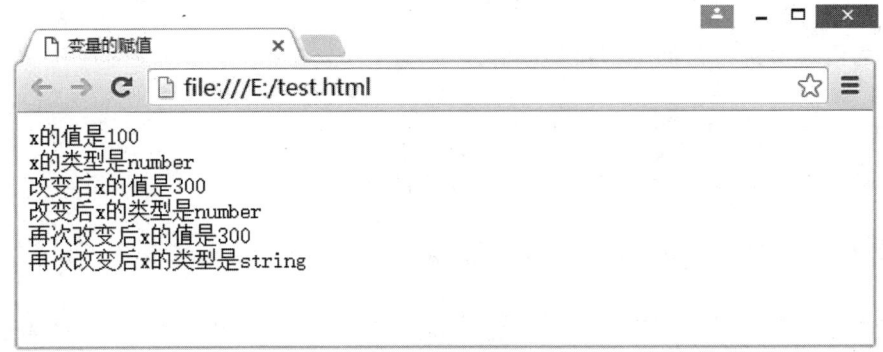

图 2-14　为变量赋值

在这里我们要注意：x=300 和 x='300'是不同的。前者的数据类型是 number 数值类型，后者的数据类型是 string 字符串。

2.3.7 数据类型的转换

JavaScript 是一种松散类型的程序语言，并没有严格地规定变量的数据类型，也就是说，已经定义数据类型的变量，可以通过相应的方法进行数据类型的转换。

例如，如果让数字 100 和字符串"200"进行算术加法运算，就需要先将字符串"200"转换为数值型。

为了适应不同的情况，JavaScript 提供了两种数据类型转换的方法：一种方法是将整个值从一种类型转换为另一种数据类型，称为基本数据类型转换。另一种方法是从一个值中提取另一种类型的值，并完成类型转换。

1. 基本数据类型转换的方法

（1）string()

string()函数可以将其他类型的值转换成字符串。例如 string(200)可以将数值 200 转换成字符串"200"。

（2）number()

number()函数可以将其他类型的值转换成为数字。如 number("200")可以将字符串"200"转换成数字 200。另外 number(true)转换成数值 1，number(false)转换成数值 0。

（3）Boolean()

Boolean()语句可以将其他类型的值转换成为布尔值。除了 0、NaN、null、undefined、""（空字符串）被转换成 false 外，其他所有的值都被转换成为 true。

2. 提取数据进行数据类型转换的方法

（1）parseInt()函数

parseInt()可以将字符串转换为整数。语法如下：

```
parseInt(numString,[radix])
```

第一个参数为必选项，指定要转换的字符串。第二个参数是可选项，使用该参数可以将字符串中的数字转换成八进制、十进制、十六进制等数值,再转换成十进制值返回。如果没有第二个参数,仅包含第一个参数,就是把字符串中符合十进制的数字转换成整数。

例:parseInt("b",16)的返回值是 11。即先将字符串"b"转换成十六进制 b,然后将十六进制 b 转换成十进制,结果为 11。

parseInt("2018adobe")的返回值是 2018。

> **注意:**
> parseInt("2018adobe123")的返回值仍然是 2018。
> parseInt("adobe2018123")的返回值是 NaN。

即 parseInt()并不是把字符串中所有符合的数字提取出来,而是把前面符合的数字提取出来,一旦遇到不符合要求的字符就停止查找了。所以字符串必须要以数字开始(十六进制可以以 abcdef 开始),否则返回值为 NaN,表示所传递的参数不能转换为一个整数。

(2)parseFloat()函数

parseFloat()可以将字符串转换成浮点数。语法如下:

```
parseFloat(numString)
```

parseFloat()与 parseInt()的用法有些相似,不同在于 parseFloat()函数是转换成浮点数。

例:`parseFloat("1.234abc")`的返回值是 1.234。

> **注意:**
> 这里的字符串也需要是以数字开始的,否则返回值仍然是 NaN。

(3)eval()函数

eval()可以计算字符串表达式或语句的值。语法如下:

```
eval(codeString)
```

例:
`eval("3+5")`的返回值是 8。
`eval("3>5")`的返回值是 false。

2.3.8 运算符

1.算术运算符

算术运算符可以实现数学运算,包括加(+)、减(-)、乘(*)、除(/)、求余(%)、增量(++)和减量(--)等。

加(+)、减(-)、乘(*)、除(/)运算符符合数学运算规则,要求运算符两边的数据类型是数值型的,如果不是数值型的,JavaScript 会自动将他们转换成数值型。+也可以用于字符串的连接。减(-)也可以将正数转换成负数,负数转换成正数。例如:

```
var x=5;
alert(-x);
```

弹出的值为-5。

求余(%),即求余数。25%2 的值就是 1。我们常常使用求余来寻找能够被某个数整除的数,比如查找偶数和奇数等。求余也要求运算符两边的数据类型是数值型的。

增量运算符(++)和减量运算符(--)实际上是代替操作数进行+1 和-1 的运算。但是把他们放在操作数之前(叫作前增量运算符和前减量运算符)和操作数之后(叫作后增量运算符和后减量运算符)是有区别的。如果是前增量运算符,比如++i,返回的是加 1 后的结果,即返回 i+1 的结果。如果是后增量运算符,比如 i++,则先返回 i 的值,再对其进行+1 的操作。减量运算符也是如此。

例如:

```
var i=10;
document.write(i++);    /*输出10,先返回i(10),再执行i+1,i变成11*/
document.write(++i);    /*输出12,先计算i(在上个语句里i已经变成
11)+1等于12,返回12*/
```

2.赋值运算符

赋值运算符即=,它的作用是将运算符右边的常量或变量的值赋值给运算符左边的变量。

另外赋值运算符可以和其他运算符组合成复合赋值运算符。

如表 2-3 所示:

表 2-3 复合赋值运算符的具体描述

复合赋值运算符	具体描述

*=	乘法并赋值
	例如：
	var i=10;
	i*=2;
	document.write(i); //输出 20

/=	除法并赋值
	例如：
	var i=10;
	i/=2;
	document.write(i); //输出 5

%=	求余并赋值
	例如：
	var i=10;
	i%=2;
	document.write(i); //输出 0

+=	加法并赋值
	例如：
	var i=10;
	i+=2;
	document.write(i); //输出 12

-=	减法并赋值
	例如：
	例如：
	var i=10;
	i-=2;
	document.write(i); //输出 8

<<=	左移并赋值
>>=	有符号右移并赋值
>>>=	无符号右移并赋值

3.关系运算符

关系运算符又称为比较运算符,用于比较操作数之间的大小等关系,关系运算符的操作数可以是数值、字符串,也可以是布尔值,其运算结果是 true 或 false。

表 2-4 关系运算符的具体描述

关系运算符	具体描述
<	小于
<=	小于等于
>	大于
>=	大于等于
==	等于
===	严格等于
!=	不等于
!==	严格不等于

如果比较的两个操作数是数值型,那么按照数学上的比较原则来比较。如果比较的两个操作数是布尔值,JavaScript 认为 true 大于 false。如果比较的两个操作数是字符串,那么按字符编码依次自左到右进行比较。

4. 逻辑运算符

JavaScript 支持三种逻辑运算符,分别是逻辑与(&&)、逻辑或(||)和逻辑非(!)。

表 2-5 逻辑运算符的具体描述

逻辑运算符	具体描述
&&	逻辑与运算符。例如 a&&b,当 a 和 b 都是 true 时等于 true,否则等于 false。
||	逻辑或运算符。例如 a||b,当 a 和 b 至少有一个为 true 时等于 true,否则等于 false。
!	逻辑非运算符。例如!a,当 a 等于 true 时,表达式等于 false,否则等于 true。

例:反选按钮的制作

代码:

```html
<!doctype html>
<html>
<head>
<meta charset="utf-8">
<title>逻辑非运算符</title>
</head>
<body>
兴趣爱好:
<input type="checkbox" name="love" id="reading" value="reading"/>
<label for="reading">阅读</label>
<input type="checkbox" name="love" id="drawing" value="drawing"/>
<label for="drawing">绘画</label>
<input type="checkbox" name="love" id="singing" value="singing"/>
<label for="singing">唱歌</label>
```

```
<input type="checkbox" name="love" id="pingpang" value="pingpang"
/><label for="pingpang">乒乓球</label>
<button type="button" onClick="not()">反选</button>
<script>
    function not(){
    k=document.getElementsByName("love");
    for(var i=0;i<k.length;i++){
      k[i].checked=!k[i].checked;
      }
    }
</script>
</body>
</html>
```

当点击反选按钮之后，选中的选项变为未选中状态，未选中的选项变为选中状态。

5.字符串运算符

在 JavaScript 中只有一个字符串运算符，即连接运算符(+)，它可以将两个字符串连接成一个新的字符串。例如："Adobe"+"Dreamweaver"的运算结果是"AdobeDreamweaver"。如果两个操作数中一个是字符串，另一个是数值或布尔值，就会将另一个操作数转换为字符串。例如："123"+123 的运算结果是 123123，"abc"+true 的结果是 abctrue。

6.位运算符

位运算符允许对整型数中指定的位进行置位。位运算符工作于 32 位的数字上。任何数字操作都将转换为 32 位。结果会转换为 Java Scrip 数字。

表 2-6 位运算符的具体描述

位运算符	具体描述
~	按位取反运算符
&	按位与运算符
|	按位或运算符
^	按位异或运算符
<<	按位左移运算符
>>	按位右移运算符
>>>	无符号右移运算符

7.其他运算符

表 2-7 其他运算符的具体描述

运算符	具体描述
?:	三目条件运算符。例如 x? a:b 表示如果 x 为真,则整个表达式的值为 a 的值,否则为 b 的值
,	逗号运算符。使用逗号运算符可以在一条语句中执行多个运算。例如 var i=0,j=0;
delete	用于删除对象并释放该对象所占用的空间
typeof	用于返回操作数的数据类型
void	运算符对表达式求值,并返回 undefined
instanceof	判断对象是否是指定的对象类型
new	用于创建用户自定义的对象实例
in	判断指定属性是否是对象的属性。当指定属性是对象的属性时返回真,否则返回假

8.运算符的优先级

运算符的优先级指的是在一个表达式中运算符的优先顺序,程序的执行顺序将按照运算符的优先级顺序进行。

表 2-8 运算符的优先级

优先级	运算符	结合性(从右向左)
1	括号运算,函数调用,数组游标	
2	!,~,+,-,++,--,typeof,new,void,delete	+(一元加),-(一元减),++,--,!,~
3	*,/,%	
4	+,-	
5	<<,>>,>>>	
6	<,<=,>,>=	
7	==,!=,===,!==	
8	&	
9	^	
10	|	
11	&&	
12	||	
13	?:	?:
14	=,+=,-=,*=,/=,%=,<<=,>>=,>>>=,&=,^=,!=	=,*=,/=,+=,-=,%=,<<=,>>=,&=,^=,!=
15	逗号(,)操作符	

例:

```
x=(3+5)*2-3*(9-6);
document.write(x);
```

运算过程:首先计算括号里的 3+5=8,9-6=3。变成 x=8*2-3*3。*高于-,所以先计算两个乘法,变成 x=16-9。最终输出结果是 7。

2.3.9 常用语句

1.赋值语句

赋值语句是 JavaScript 中最简单、最常用的语句。赋值语句可以定义变量、为变量赋值或更改变量的数据类型。

例如:

```
var x;
x="abc";
```

或

```
var x="abc";
```

2.if 判断语句

if 语句是最简单的条件语句,其语法格式如下:

```
if(条件表达式){
        语句块
    }
```

执行顺序为:首先执行条件表达式,如果条件表达式为 true,则执行语句块。

例:

```
<script>
   var x;
   x=prompt("请输入一个大于0的整数: "," ");
   if(x%2==0){
      document.write(x+"为偶数");
      }
</script>
```

在实际使用的时候，if 语句常常会和 else 语句结合起来使用，指定不满足判断条件的时候执行的语句。其语法如下：

```
if(条件表达式){
    语句块1
    }
else{
    语句块2
    }
```

执行顺序为：当条件表达式为 true，执行语句块 1，否则执行语句块 2。

例：

```
<script>
    var x;
    x=prompt("请输入一个大于0的整数：", " ");
    if(x%2==0){
        document.write(x+"为偶数");
        }
    else{
        document.write(x+"为奇数");
        }
</script>
```

if...else 语句也可以嵌套使用，来进行多个条件的判断。

例：设计一款"猜数字"游戏

代码：

```
<!doctype html>
<html>
<head>
<meta charset="utf-8">
<title>猜数字游戏</title>
<style type="text/css">
#count {
    border: 0;
    width: 4em;
    text-align: center;
}
</style>
</head>
<body>
<h3>猜数字游戏</h3>
<p>系统会自动生成一个0-100之间的随机整数，你可以在下面的输入框中输入你的猜测，系统会提示你猜的数大了还是小了。</p>
<p>初始分数为100分，猜错一次扣10分，在分数扣完之前猜测正确，你就胜利了。如果分数扣完还没猜测正确，挑战失败。</p>
<p>请点击
    <button type="button">开始游戏</button>
    开始您的冒险之旅吧！ </p>
```

```
<p>您目前的分数为
<input type="text" id="count" value="100">分<br/></p>
<p>请将您猜测的数字填到下面的输入框中,并按回车,系统会给出提示:</p>
<input type="text" id="answer" onChange="answer()">
<script>
var i=Math.floor(Math.random()*100);      /*生成一个随机数*/
function answer(){
    var count=document.getElementById("count").value;
    var answer=document.getElementById("answer").value;
        if(count<=10){alert("挑战失败");}
    if(answer>i){
        alert("你输入的数字大了");
        count=count-10;
        document.getElementById("count").value=count;
        }
    else if(answer<i){
        alert("你输入的数字小了");
        count=count-10;
        document.getElementById("count").value=count;
        }
    else if(answer==i){
        alert("恭喜您,挑战成功!");
        }
    }
</script>
</body>
</html>
```

大家可以尝试制作,然后思考一下该游戏的设计思路。

3.while 语句

while 语句属于循环语句的一种,循环语句是指在满足指定条件的情况下循环执行一段代码的语句。

while 语句的语法如下:

```
while(条件表达式){
    循环语句体
    }
```

程序执行顺序:

(1)先执行循环条件表达式,如果条件表达式的值为真,则执行循环语句体;

(2)当执行完循环语句体,重新回到条件表达式,如果条件表达式的值为真,再次执行循环语句体,直至条件表达式的值为假时终止循环。

> **注意：**
> 只有条件表达式的值为假时，才能终止循环，所以循环语句体中必须包含有改变条件表达式的值的语句，否则将会无限循环下去，形成死循环。比如变量 i 的初始值为 0，条件表达式是 i<100，那么在循环语句体中必须包含让 i 变大的语句，比如 i++ 或者 i=i+2 等，使得在 N 次循环后，i 的值会大于等于 100，从而结束循环。

如果在最开始的程序执行时，条件表达式的值就为假，那么根本不会进入循环语句体的执行。

例：

```
<script>
  var i=0,s=0;
  while(i<=10){
    s=s+i;
    i++;
    }
  document.write(s);            //输出结果55
</script>
```

该实例实际上计算了 0+1+2+3+4+5+6+7+8+9+10 的值。

本章小结

本章主要是让大家了解 HTML、CSS、JavaScript 的基础知识及语法规范，为后面的具体内容的学习打下基础。如果你觉得看不懂，没有关系，先有个印象，如果在后面章节里用到了哪些基础知识，再回过头来仔细研读。

思考与研讨题

1. 了解 HTML 的发展历史。
2. 了解 CSS3 新增了哪些功能。

第 3 章　建立站点

> **章节大纲**

1. 站点：存放 Web 应用程序的位置。本地站点一般就是一个文件夹，文件夹的目录结构要遵循约定优于配置原则。
2. 新建首页：首页一般命名为 index，即索引的意思。
3. 文件头的设置：<head></head>中间的内容要熟练掌握。
4. 初始化网页：利用 CSS 对 HTML 元素进行初始化设置。

3.1　建立站点文件结构

Web 应用程序通常由 HTML 文件、脚本文件和一些资源文件组成。为了便于管理，一个 Web 项目的所有文件需要放在一个文件夹里，里面的文件按照类别进行存放。

在开发项目之前，有个非常重要的工作就是确定项目目录的组织结构。基于约定优于配置[①](convention over configuration)原则，我们通常这样组织项目目录结构：

```
web（站点文件夹名称）
    css（文件夹，存放后缀为.css的样式文件）
        main.css
        reset.css
    img（文件夹，存放项目中的所有图像文件）
    js（文件夹，存放后缀为.js的JS脚本文件）
```

---

① 即通过约定代码结构或命名规范来减少配置数量

```
jquery.min.js
main.js
index.html （首页）
login.html （登录页面）
newlist.html （新闻列表页）
……
```

这是一个适合简单项目的目录配置结构方式，可以满足我们一般的学习项目要求。我们把里面的所有没有分类的页面全部放在外面，其他配置文件及素材全部分类放在各自的文件夹里，整个项目结构非常简洁明了。如果在项目里还需要用到开发文档、视频素材、音频素材等，我们都可以自己在里面以添加文件夹的方式存放文件。

对于文件夹的取名，每个人有自己的取名习惯，比如样式文件夹有的人喜欢取名 style，图像素材文件夹有人喜欢取名 image 或 images，JS 文件夹有人喜欢取名 javascript，但是不论怎么取名，都要把握语义化原则，即看到文件夹的名称就能明白里面存放的是什么内容。初学者容易遇到的问题是目录结构混乱或者随意取名，比如样式文件夹取名 yangshi，其他人看到可能会觉得莫名其妙。在本书中，目录结构里的文件夹名称统一采用简写的方式，比如 css、img、js 等。

3.2 新建首页 HTML 文件

首页文件我们一般命名为 index。index 是索引的意思，即通过首页可以进入其他页面。服务器一般默认指定的首页名为 index，所以虽然我们可以自己给首页取各种名称，但是为了规范和有效性，我们还是要把首页命名为 index。

现在我们来新建一个首页 HTML 文件。

打开所有程序—附件—记事本，文件—保存到 Web 文件夹下，文件名为：index.html，保存类型：所有文件，编码：UTF-8。

在文件里书写 HTML 的基本结构：

```
<!DOCTYPE html>
<html>
    <head>
    </head>
    <body>
    </body>
</html>
```

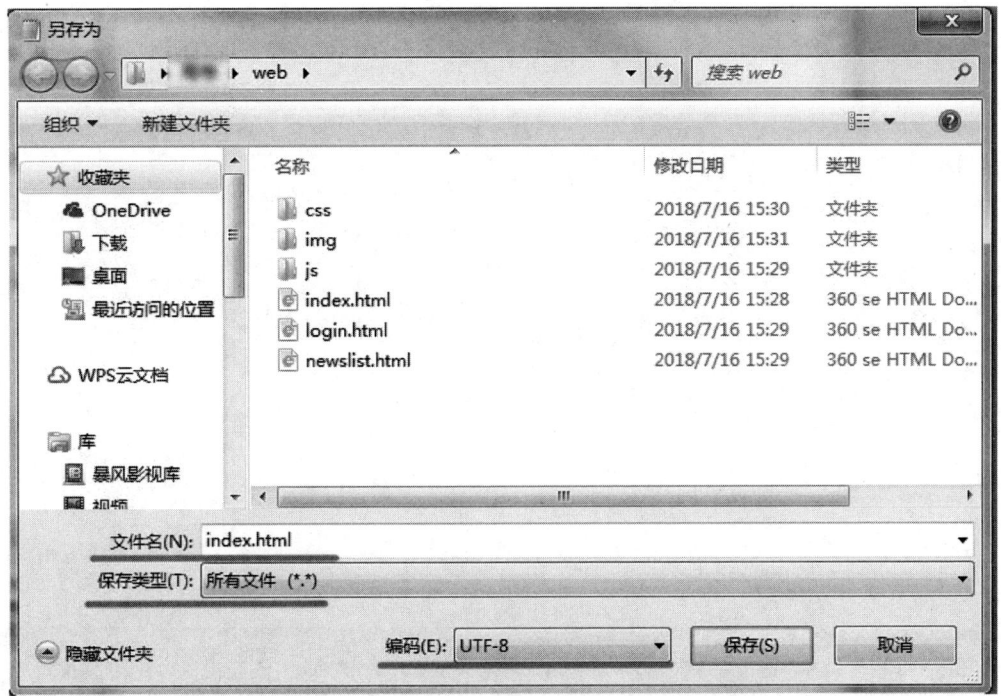

图 3-1 使用记事本工具保存 HTML 文件时的设置

3.3 文件头的设置

<head>标签用于定义文档的头部,它是所有头部元素的容器。头部元素有<title>、<meta>、<script>、<style>、<link>、<base>等标签。页面的内容部分都放在<body>标签里,所以<head>标签里更多的是对页面的设置等内容。

这一小节的内容比较抽象,不好理解,大家可以先了解一下,然后在实际项目操作的时候多书写几遍,加深印象。

3.3.1 title 标签

title 标签定义网页的标题,它是 head 部分中唯一一个必需的元素,即每个页面都需要定义网页标题。浏览器会以特殊的方式来使用标题,通常把它放置在浏览器窗口的标题栏或状态栏上。同样,当把网页加入用户的链接列表、收藏夹或书签列表时,标题将成为该网页链接的默认名称。

比如，武汉传媒学院的官网首页的标题就是武汉传媒学院，那么在 HTML 里要这样书写：

```
<!DOCTYPE html>
<html>
    <head>
        <title>武汉传媒学院</title>
    </head>
    <body>
    </body>
</html>
```

网页标题出现在浏览器中每个网页的标签里。如图：

图 3-2　网页标题

大家思考一下，武汉传媒学院下的二级页面——武汉传媒学院教务处的网页标题应该怎么写呢？

（1）`<title>教务处</title>`

（2）`<title>武汉传媒学院-教务处</title>`

（3）`<title>教务处-武汉传媒学院</title>`

第一种写法的缺点是内容信息不完整。

第二种写法是很多同学第一时间想到的，但是它的问题是如果在浏览器中打开很多网页，浏览器中的网页标签会缩短，那么所有标签就只会显示前半部分了。想象一下，如果在浏览器里打开武汉传媒学院的很多子页面，那么整个浏览器里的网页标签全部显示的是武汉传媒学院，这样就失去了网页标题的作用了。

第三种写法是我们常采用的写法，即用倒叙的方式来写网页标题，这样既使信息完整，又把重点写到了前面。

3.3.2 meta 标签

meta 标签是元信息标签,一般用于定义页面的特殊信息,例如页面编码、页面关键词、页面表述等。

1.charset 属性

Charset 定义字符编码。一般我们使用的字符编码有 UTF-8、GB2312 等。GB2312 是中文字符编码,以前的中文网页喜欢使用这种字符编码方式,但是如果页面里需要嵌入其他脚本库就会出现一些麻烦,比如 echarts 图表库只能使用 UTF-8 的编码方式,所以为了兼容性和扩展性,我们现在一般都使用 UTF-8。

字符编码一般写在最前面。即 <head> 文件头里第一个要写的就是:

```
<meta charset="UFT-8"/>
```

这是 HTML5 的写法,如果页面使用的不是 HTML5 标准,而是 HTML4.01 的话,那么写法如下:

```
<meta http-equiv="Content-Type" content="text/html;charset=UTF-8">
```

> **注意:**
> <meta> 标签属于空标签,即不是成对出现的,它没有结束标签,所以一般我们在最后加 / 进行闭合,不加 / 也是可以的。

2.name 属性

name 属性可以定义网页的关键词、描述、作者、版权信息等,这些内容并不是给用户看的,而是给搜索引擎看的。

表 3-1 name 属性取值

属性值	说明
keywords	网页的关键词,可以是多个
description	网页的描述
author	网页的作者
copyright	版权信息

实例：

```html
<!DOCTYPE html>
<html>
  <head>
    <meta charset="UTF-8">
    <title>武汉传媒学院</title>
    <!--网页关键词-->
    <meta name="keywords" content="武汉传媒学院"/>
    <!--网页描述-->
    <meta name="description" content="武汉传媒学院是一所具有鲜明传媒文化与科技教育特色的多学科协调发展、综合应用型人才培养的高等院校，是湖北省'转型发展'首批试点高校之一"/>
    <!--作者-->
    <meta name="author" content="whmc.edu.cn"/>
    <!--版权声明-->
    <meta name="copyright" content="本站所有内容归武汉传媒学院所有"/>
  </head>
  <body>
  </body>
</html>
```

实际开发中，一般页面都需要写 keywords 和 description 便于搜索引擎检索，作者及版权信息则一般省略不写。

另外，我们还可以使用 meta 标签为移动设备定义 viewport（视口）。常见写法如下：

```html
<meta name="viewport" content="width=device-width, initial-scale=1.0, viewport-fit=cover"/>
```

关于移动设备视口的内容会在第 11 章《响应式 Web 开发》中详细讲解。

3.3.3 link 标签

link 标签用于定义文档与外部资源的关系，最常见的用途就是链接外部样式表。

如：

```html
<!DOCTYPE html>
<html>
  <head>
    <meta charset="UTF-8"/>
    <title>武汉传媒学院</title>
    <link rel="stylesheet" type="text/css" href="main.css"/>
  </head>
  <body>
  </body>
</html>
```

link 标签同样是空标签，没有结束标签。

3.3.4 style 标签

style 标签用于定义元素的 CSS 样式。link 标签是链接外部 CSS 文件，而 style 标签属于嵌入式 CSS 样式，将 CSS 样式写在<style></style>之间。

写法如下：

```
<style type="text/css">
    /*CSS样式写在这里*/
</style>
```

3.3.5 script 标签

script 标签用于定义页面里的 javascript 代码，也可以用于引入外部 Javascript 文件。

写法如下：

```
<script src="js/jquery.min.js"></script>
<script>
    /*Javascript代码写在这里*/
</script>
```

3.3.6 base 标签

base 标签规定页面上所有链接的默认 URL 和默认目标。

写法如下：

```
<!DOCTYPE html>
<html>
<head>
<base href="http://www.w3school.com.cn/i/"/>
<base target="_blank"/>
</head>
<body>
<img src="eg_smile.gif"/><br>
```

```
<p>请注意，我们已经为图像规定了一个相对地址。由于我们已经在 head 部
分规定了一个基准 URL，浏览器将在如下地址寻找图片：</p>
<p>"http://www.w3school.com.cn/i/eg_smile.gif"</p>
<br/>
<br/>
<p><a href="http://www.w3school.com.cn">W3School</a></p>
<p>请注意，链接会在新窗口中打开，即使链接中没有 target="_blank" 属
性。这是因为 base 元素的 target 属性已经被设置为 "_blank" 了。</p>
</body>
</html>
```

在实际开发中，base 标签用得极少。

3.4 初始化网页

每个浏览器都会对 HTML 标签元素有自己的默认样式定义，并且不同的浏览器对相同元素的样式定义并不相同，导致我们设置相同的样式，结果在不同的浏览器里显示效果不同。所以一般在写网页之前，我们需要首先对网页样式进行初始化设置。

首先我们在 CSS 文件夹里新建一个 main.css 文件。在 index.html 里把 main.css 文件利用 link 标签链接进来。

初始化网页最简单的写法是在写元素样式之前在 main.css 里写以下代码：

```
* {
    margin: 0;
    padding: 0;
    border: 0;
}
```

即设置所有的元素没有外边距、内边距和边框。

网上也有如 resets.css 或 normalize.css 等样式文件，会针对不同的元素进行细致地定义，能够提高我们的 CSS 样式书写效率。大家可以在网上下载相关 css 文件，直接用 link 标签链接到我们的文档中即可。

在本书中，为了加深大家对样式的理解程度，大部分实例都是采用* {margin: 0;padding:0;border:0;}的写法。

本章小结

　　本章主要是为 Web 前端开发做准备和基础设置,包括站点的建立、文件结构的确立、首页的创建、文件头的设置及页面初始化设置等。文件头 <head></head> 里的标签需要大家记忆,并反复进行输入练习。

思考与研讨题

1. 根据书上的讲解,在自己的电脑上建立一个 web 站点,并创建好项目目录,新建 index.html 首页和 main.css 文件。
2. 在 index.html 里写出完整 HTML 文件结构和文件头设置。
3. 在 main.css 里对页面进行初始化设置。
4. 从网上下载 reset.css 和 normalize.css 文件,并比较两者之间的差别。

第 4 章　创建纯文本页面

章节大纲

1. 文本常用标签：标题标签、段落标签、换行标签、span 标签、水平线标签、div 标签、特殊符号、其他标签。
2. 文本常用 CSS 样式：字体、字号、颜色、背景颜色、字体粗细、字体风格、文本修饰、首行缩进、对齐方式、行高、文字阴影、引入字体、多列布局。
3. 结构与样式分离原则：结构内容用 HTML 代码来写，样式外观用 CSS 代码来写。

4.1　网页中的文本

　　网页中的常见元素主要包括以下几种类型：文本、图像、动画、音视频、超链接、表格、表单和各类控件等。其中文本和图像是网页中最常见的元素类型。文字能准确地表达信息的内容和含义，且同样信息量的文本字节往往比图像小，比较适合大信息量的网站，另外文字也更方便搜索引擎进行检索。图像会让网页的内容更丰富也更美观，在网页中我们通常使用 JPEG(JPG)、PNG、GIF 三种图像格式。

　　打开新浪网首页，我们可以看到一个内容非常丰富的页面，包括各种文本、图像，还有其他元素在里面。

　　但是不管怎么样，文本在页面里必不可少，我们可以通过各种排版使得文本看起来更加美观。

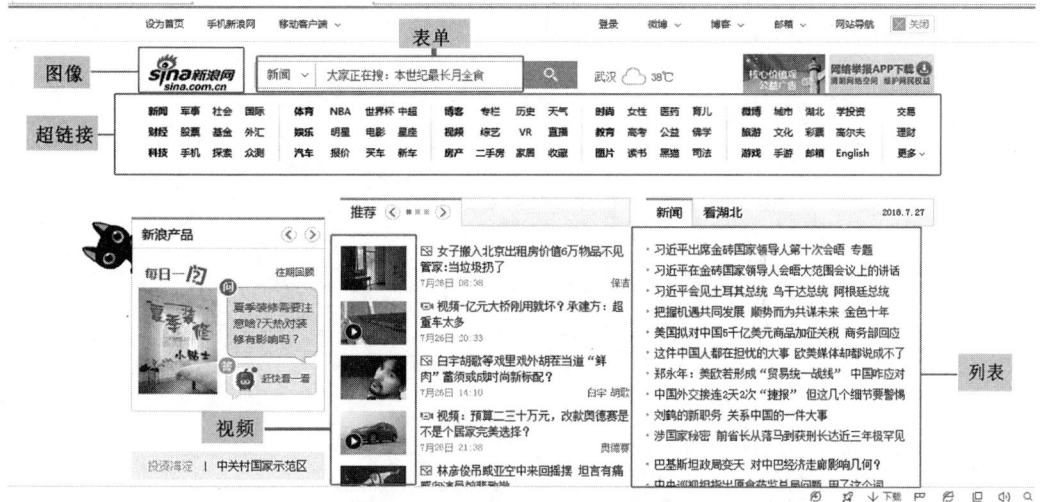

图 4-1　网页中的元素类型

我们首先来看一个纯文本页面的例子：

黄鹤楼

黄鹤楼（"江南三大名楼"之一）

　　黄鹤楼位于湖北省武汉市长江南岸的武昌蛇山之巅，濒临万里长江，是国家5A级旅游景区，自古享有"天下江山第一楼"和"天下绝景"之称。黄鹤楼是武汉市标志性建筑，与晴川阁、古琴台并称"武汉三大名胜"。[1]

相关诗词

黄鹤楼

作者：崔颢 [唐]

昔人已乘黄鹤去，此地空余黄鹤楼。
黄鹤一去不复返，白云千载空悠悠。
晴川历历汉阳树，芳草萋萋鹦鹉洲。
日暮乡关何处是？烟波江上使人愁。

[1]武汉黄鹤楼．山东省湖北商会［引用日期2014-04-04］

图 4-2　纯文本页面

文本页面是怎么做出来的呢？

首先我们需要把文本进行分类。经过分类之后，在写 HTML 代码的时候，我们把不同的文本内容用相应的 HTML 标签进行标记即可。

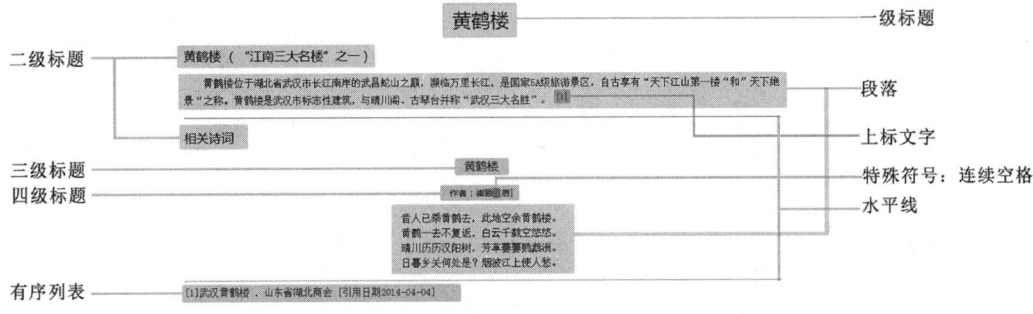

图 4-3 文本标签

4.2 文本标签

4.2.1 标题标签

标题(headline)标签在 HTML 里共有六个级别,分别为 h1、h2、h3、h4、h5、h6。h 即 headline 的首字母,后面跟着的数字代表级别,不同级别的标题代表标题的重要性不同。其中 h1(一级标题)为最大的标题即最重要的标题,h6 为最小的标题。在搜索引擎对网页进行检索时,会依据标题级别给予不同的权重。一个网页,文本权重最大的是 title(网页标题),其次为 h1。在网页表现上,一般浏览器也会给 h1 设置较大字号、进行加粗等特殊样式的标识。通常一个页面上我们只会设置一个 h1 标题,h2~h6 则没有限制。

h1~h6 标签都是成对出现的,书写规范为:

```
<h1>一级标题名称</h1>
<h2>二级标题名称</h2>
<h3>三级标题名称</h3>
<h4>四级标题名称</h4>
<h5>五级标题名称</h5>
<h6>六级标题名称</h6>
```

实例代码:

```
<!DOCTYPE html>
<html>
<head>
    <meta charset="utf-8" />
    <title>标题标签</title>
```

```
</head>
<body>
    <h1>这是一级标题</h1>
    <h2>这是二级标题</h2>
    <h3>这是三级标题</h3>
    <h4>这是四级标题</h4>
    <h5>这是五级标题</h5>
    <h6>这是六级标题</h6>
</body>
</html>
```

浏览器效果：

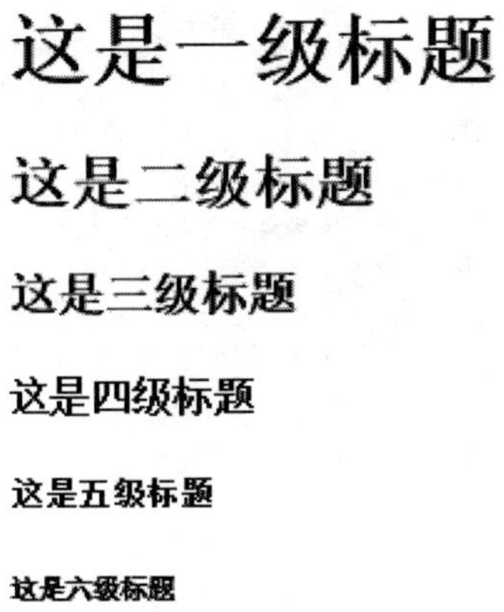

这是一级标题

这是二级标题

这是三级标题

这是四级标题

这是五级标题

这是六级标题

图 4-4　标题标签

从浏览器效果中可以看出，标题标签的浏览器默认样式都是加粗的，并且级别越高，字号越大。当然我们在实际运用时，可以根据需要选用不同的标题标签，没有必要把 h1~h6 全部用上。

4.2.2　段落标签

段落（paragraph）标签一般在页面里标识正文部分，段落标签的关键字是 p，即 paragraph 的首字母。书写规范为：

```
<p>一个段落里的文字内容。</p>
```

使用<p></p>可以显示一段文字。

实例：

```html
<!DOCTYPE html>
<html>
<head>
    <meta charset="utf-8"/>
    <title>段落标签</title>
</head>
<body>
    <h1>荷塘月色</h1>
    <h2>朱自清</h2>
    <p>这几天心里颇不宁静。今晚在院子里坐着乘凉，忽然想起日日走过的荷塘，在这满月的光里，总该另有一番样子吧。月亮渐渐地升高了，墙外马路上孩子们的欢笑，已经听不见了；妻在屋里拍着闰儿，迷迷糊糊地哼着眠歌。我悄悄地披了大衫，带上门出去。</p>
    <p>沿着荷塘，是一条曲折的小煤屑路。这是一条幽僻的路；白天也少人走，夜晚更加寂寞。荷塘四面，长着许多树，蓊蓊郁郁的。路的一旁，是些杨柳，和一些不知道名字的树。没有月光的晚上，这路上阴森森的，有些怕人。今晚却很好，虽然月光也还是淡淡的。</p>
    <p>……</p>
</body>
</html>
```

浏览器效果：

荷塘月色

朱自清

这几天心里颇不宁静。今晚在院子里坐着乘凉，忽然想起日日走过的荷塘，在这满月的光里，总该另有一番样子吧。月亮渐渐地升高了，墙外马路上孩子们的欢笑，已经听不见了；妻在屋里拍着闰儿，迷迷糊糊地哼着眠歌。我悄悄地披了大衫，带上门出去。

沿着荷塘，是一条曲折的小煤屑路。这是一条幽僻的路；白天也少人走，夜晚更加寂寞。荷塘四面，长着许多树，蓊蓊郁郁的。路的一旁，是些杨柳，和一些不知道名字的树。没有月光的晚上，这路上阴森森的，有些怕人。今晚却很好，虽然月光也还是淡淡的。

……

图 4-5 段落在浏览器中的显示效果

默认的段落样式为一个段落占一个整块位置，另外一个段落会自动换行，并且段落与段落之间会有一定的间距。我们可以使用 CSS 对段落进行样式设定，比如字体、字号、颜色、首行缩进、行距等。

4.2.3 换行标签

在 HTML 里，使用回车和连续空格都是无效的。所以在一个段落中，如果想让某一部分文字换行,使用回车是不行的,这里就需要使用换行(break)标签。换行标签的关键词是 br,即 break 的缩写。换行标签的书写规范为:

在文字的后面加换行标签
。

换行标签是一个空标签,里面没有内容,不是成对出现的。

实例代码:

```html
<!DOCTYPE html>
<html>
<head>
    <meta charset="utf-8"/>
    <title>换行标签</title>
</head>
<body>
    <h1>荷塘月色</h1>
    <h2>朱自清</h2>
    <p>……</p>
    <p>于是又记起《西洲曲》里的句子:</p>
    <p>采莲南塘秋,<br/>
        莲花过人头;<br/>
        低头弄莲子,<br/>
        莲子清如水。</p>
    <p>今晚若有采莲人,这儿的莲花也算得"过人头"了;只不见一些流水的影子,是不行的。这令我到底惦着江南了。</p>
    <p>这样想着,猛一抬头,不觉已是自己的门前;轻轻地推门进去,什么声息也没有,妻已睡熟好久了。</p>
</body>
</html>
```

浏览器效果:

荷塘月色

朱自清

……

于是又记起《西洲曲》里的句子:

采莲南塘秋,
莲花过人头;
低头弄莲子,
莲子清如水。

今晚若有采莲人,这儿的莲花也算得"过人头"了;只不见一些流水的影子,是不行的。这令我到底惦着江南了。

这样想着,猛一抬头,不觉已是自己的门前;轻轻地推门进去,什么声息也没有,妻已睡熟好久了。

图 4-6　换行标签在浏览器中的显示效果

换行标签仅仅起到换行的作用,而不会让文字变成新的段落。

4.2.4 水平线标签

在进行信息展示时,有时需要加一些用于分隔的横线,这样会使文章看起来整齐些。如图 4-7 所示:

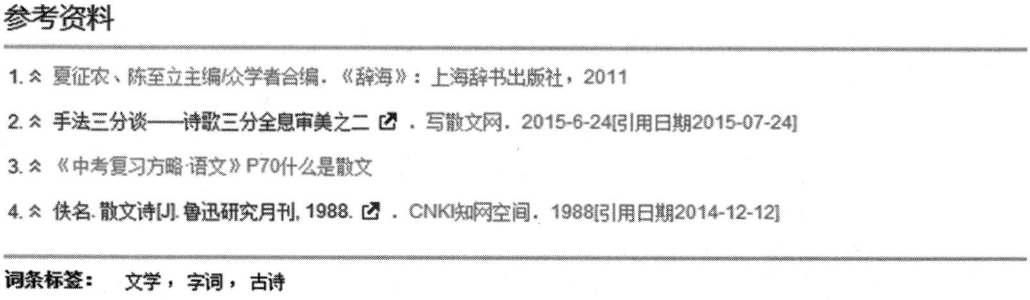

参考资料

1. ＾ 夏征农、陈至立主编/众学者合编.《辞海》:上海辞书出版社,2011
2. ＾ 手法三分谈——诗歌三分全息审美之二 . 写散文网. 2015-6-24[引用日期2015-07-24]
3. ＾ 《中考复习方略·语文》P70什么是散文
4. ＾ 佚名.散文诗[J].鲁迅研究月刊,1988. . CNKI知网空间. 1988[引用日期2014-12-12]

词条标签: 文学,字词,古诗

图 4-7 网页中的水平线

书写规范为:

```
<hr/>
```

> **注意**:
> 1.<hr />标签和
标签一样,也是一个空标签,所以只有一个开始标签,没有结束标签。
> 2.<hr />标签的浏览器默认样式的线条比较粗,颜色为灰色。可能有些人觉得这种样式不美观,没有关系,在我们学习了 CSS 样式表之后,可以对这些外在样式进行修改。

4.2.5 span 标签

有时候对一个段落里的某一句话或某个词,我们需要设置不同的样式,比如说别的字都是黑色的,但是有一句话我想设置成红色,它本身就在段落中,不需要独立成块,那么我们需要把这一句话单独标识出来。

我们使用的标签是<span></span>,它能组合行内元素,本身没有任何样式。所有特殊效果都需要使用 CSS 来进行设置。

实例代码：

```html
<!DOCTYPE html>
<html>
<head>
    <meta charset="utf-8" />
    <title>换行标签</title>
    <style type="text/css">
        span.bold{font-weight:bold;}
    </style>
</head>
<body>
    <p><span class="bold">我的先生很可惜是一个外国人</span>。这样来称呼自己的先生不免有排外的味道，但是因为语文和风俗在各国之间确有大不相同之处，我们的婚姻生活也实在有许多无法共通的地方。</p>
</body>
</html>
```

浏览器效果：

我的先生很可惜是一个外国人。这样来称呼自己的先生不免有排外的味道，但是因为语文和风俗在各国之间确有大不相同之处，我们的婚姻生活也实在有许多无法共通的地方。

图 4-8　为 span 标签设置样式后在浏览器中的显示效果

一个网页里可能会有多个需要设置独立样式的内容，而且它们各不相同，我们通常会给<span>设置类属性来进行区分。

4.2.6　div 标签

div 是 division 的缩写，它是一个结构标签，并不属于文本标签，但是在文本页面里我们也需要对页面进行区域的划分，所以我们在这里先讲解一下。

div 标签表示一个区域或者一个块，里面可以放进去任何我们想要放的内容，比如文本、图像、视频等，也可以放进去另外一个 div。

书写规范为：

```html
<div><p>段落文字</p></div>
```

实例代码：

```html
<!DOCTYPE html>
<html>
<head>
    <meta charset="utf-8" />
```

```html
<title>div标签</title>
</head>
<body>
    <div class="original">
        <h2>静夜思</h2>
        <h3>静夜思</h3>
        <p>
            窗前明月光，疑是地上霜。<br/>
            举头望明月，低头思故乡。
        </p>
    </div>
    <div class="translation">
        <h2>译文</h2>
        <p>明亮的月光洒在窗户纸上，好像地上泛起了一层霜。我禁不住抬起头来，看那天窗外空中的一轮明月，不由得低头沉思，想起远方的家乡。</p>
    </div>
</body>
</html>
```

浏览器效果：

静夜思

静夜思

窗前明月光，疑是地上霜。
举头望明月，低头思故乡。

译文

明亮的月光洒在窗户纸上，好像地上泛起了一层霜。我禁不住抬起头来，看那天窗外空中的一轮明月，不由得低头沉思，想起远方的家乡。

图 4-9　div 标签在浏览器中的显示效果

4.2.7 特殊符号

在 HTML 里特殊符号有专门的书写规范，比如我们最常用的连续空格，直接输入空格在浏览器上是显示不出来的，连续空格的代码为：

其他常用特殊符号的代码如表 4-1：

表 4-1　HTML 中常用特殊符号

&lt;	<	小于号或显示标记
&gt;	>	大于号或显示标记
&amp;	&	可用于显示其他特殊字符
&quot;	"	引号
&reg;	®	已注册
&copy;	©	版权
&trade;	™	商标
		半个空白位
		一个空白位
		不断行的空白

如果大家还需要在 HTML 里插入其他特殊符号，可以登录 www.w3school.com.cn 网站进行查询。

4.2.8　其他标签

在文本里还有其他一些不太常用的标签。比如：

上标标签

下标标签

粗体标签<b></b>

强调标签<strong></strong>、<em></em>

预格式文本<pre></pre>

斜体标签<i></i>

……

在此不一一列举，其中很多可以使用 CSS 实现的效果我们已经不再使用 HTML 标签来实现，后面用到的时候再做介绍。

4.3　文本样式

浏览器在解析 HTML 代码的时候，会给每个元素设定默认的样式，如果我们想让网页内容呈现与默认样式不同的外观，就需要使用 CSS 来进行设定。

这一小节会介绍文字常用的 CSS 属性。由于 CSS 属性较多，这里只介绍常用的属性,如果在开发中需要用到不常用的属性,大家可以借助 CSS 参考手册进行查询。

4.3.1 字体(font-family)

给文字设定字体可以使用 font-family 属性。例:
HTML 代码:

```
<h1>欢迎访问本网站!</h1>
```

CSS 代码:

```
h1{font-family:"Microsoft Yahei";}
```

注意事项:

1.font-family 的值要用英文双引号括起来,尤其是使用多个字体或者中文字体时,必须用双引号括起来;

2.通常使用字体的英文名称,使用 Microsoft Yahei 而不用微软雅黑;

3.字体一定要使用常用的字体,因为浏览器在显示的时候要使用本地电脑上安装的字体,如果使用偏僻的字体,比如某些广告字体,本地电脑上没有安装该字体,那么最终仍然会以浏览器默认字体显示,达不到设计效果。虽然 CSS3 可以嵌入字体,但是在中文里并不是非常实用,这是因为英文字体库一般比较小,而中文字体库文件比较大,如果只是在标题里使用特殊字体,嵌套一个很大的字体库是完全没有必要的,遇到这样的情况,我们一般是把标题生成图片。

4.字体可以设多个值,中间用英文(,)隔开,按照从左到右的顺序,如果本地电脑没有安装第一个字体就会使用第二个,如果第二个字体也没有安装就会使用第三个,以此类推。写法为:

```
h1{font-family:"Microsoft Yahei,Times New Roman,Arial"}
```

4.3.2 字号(font-size)

字号 font-size 可以对文字大小进行设定。

```
h1{font-size:28px;}
```

字号常用的单位有 px（像素）、em、rem、百分比等。

像素是我们在开发 PC 端网站时使用的单位，这是因为适用于 PC 端的网页一般宽度是固定的，使用像素可以直接从设计图中读取数据，非常简单快捷，并且可以保证网页效果与设计图完全一致。

但是我们在开发响应式网站或者是适配移动端的网页的时候，我们更常使用 em、rem、百分比等单位，这些单位的使用方法我们会放在第 11 章《响应式 Web 开发》里讲解。

4.3.3 颜色（color）

文字的颜色可以使用 color 来进行设定。

> **注意：**
>
> color 设置的是文字的颜色，如果想设置背景颜色应该使用 background-color。

可以使用下面的代码设置网页中一级标题的字号为 18 像素，并把字体颜色设置为#666（灰色），背景颜色为浅灰色#E5E5E5：

```
h1 {
    font-size: 18px;
    color: #666;
    background-color: #E5E5E5;
}
```

颜色使用的是 RGB 模式，也就是由红色、绿色、蓝色混合而成。

颜色由十六进制符号来定义，这个符号由红色、绿色和蓝色的值组成（RGB）。每种颜色的最小值是 0（十六进制:#00），最大值是 255（十六进制:#FF）。比如#FF00FF，其中前两个 FF 代表了红色的值是 255，中间的两个 0 代表了绿色的值是 0，后面两个 FF 代表了蓝色的值是 255。

这个表格给出了由三种颜色混合而成的具体效果：

表 4-2 颜色值

Color	Color HEX	Color RGB
	#000000	rgb(0,0,0)
	#FF0000	rgb(255,0,0)
	#00FF00	rgb(0,255,0)
	#0000FF	rgb(0,0,255)
	#FFFF00	rgb(255,255,0)
	#00FFFF	rgb(0,255,255)
	#FF00FF	rgb(255,0,255)
	#C0C0C0	rgb(192,192,192)
	#FFFFFF	rgb(255,255,255)

如果 RGB 的值都是两个一样的数字,比如#FFAACC,那么我们简写成#FAC。

在前面的课程中,我们经常使用 color:red;这样的写法,red 就是颜色名。大多数的浏览器都支持颜色名集合。

提示:仅仅有 16 种颜色名被 W3C 的 HTML4.01 标准所支持。它们是:aqua,black,blue,fuchsia,gray,green,lime,maroon,navy,olive,purple,red,silver,teal,white,yellow。如果需要使用其他的颜色,需要使用十六进制的颜色值。

表 4-3 颜色值与颜色名

Color	Color HEX	Color Name
	#F0F8FF	AliceBlue
	#FAEBD7	AntiqueWhite
	#7FFFD4	Aquamarine
	#000000	Black
	#0000FF	Blue
	#8A2BE2	BlueViolet
	#A52A2A	Brown

4.3.4 背景颜色(background-color)

背景颜色 background-color 是对元素的背景进行颜色设定,它的值也是颜色值。写法为:

```
h1{background-color:#E5E5E5;}
```

4.3.5 字体粗细(font-weight)

font-weight 可以设定字体的粗细,值可以是数值也可以是关键字。如果是数值的话,值为 100、200……900 这九个值,依次从最细到最粗。但是在实际开发中,我们一般不使用数值,而是使用关键字。关键字有四个,分别是 normal(正常)、lighter(细)、bold(加粗)、bolder(最粗),在中文文本中,我们常用的是 normal 和 bold。

写法为:

```
.bold{font-weight:bold;}
```

标题的默认字体粗细为 bold,段落及其他文本的默认字体粗细为 normal。

微软雅黑的字体如果再加粗的话,文字会显得非常粗壮,所以如果我们给标题设的字体是微软雅黑,那么一般就会把字体粗细设为正常。

写法为:

```
h1{font-family:"Micorosoft Yahei";font-weight:normal;}
```

4.3.6 字体风格(font-style)

font-style 主要用于给文字设定斜体效果,可以使用的值为 normal(正常)、italic(斜体)、oblique(斜体)。

写法为:

```
.i{font-style:italic;}
```

italic 与 oblique 的区别是,italic 是字体的一个属性,有些字体有这个属性,有些字体没有,如果有 italic 属性,可以使用 italic 来设置文字倾斜,如果没有这个属性,就要使用 oblique 来让文字倾斜。

斜体一般多用于英文字体,中文设置斜体的情况非常少,大家了解一下即可。

4.3.7 文本修饰(text-decoration)

text-decoration 的值有 none(无)、underline(下划线)、line-through(中划线)、overline(顶划线)。

写法为：

```
.s{text-decoration:line-through;}/*中划线，可以当删除线使用，比如原价*/
.u{text-decoration:underline;}    /*下划线，可以当重点线使用*/
```

在大部分元素的默认样式中 text-decoration 的值为 none，即没有修饰。但是在超级链接的默认样式中 text-decoration 的值为 underline。所以如果我们不想让超级链接的文字有下划线，我们需要设定：

```
a{text-decoration:none;}
```

4.3.8 首行缩进(text-indent)

在中文排版中，我们常常会为段落设置首行缩进两个字符的效果。如果不会使用 CSS 里的 text-indent，那么你需要使用很多 才能实现，而且在不同的浏览器中 的占位是不同的。所以要设定首行缩进，最好使用 CSS 里的 text-indent 来设置。

写法为：

```
p{text-indent:2em;}
```

这里我们可以使用 px 作为单位，比如 font-size 设的字号是 12px，那么 text-indent 设为 24px 也可以实现首行缩进 2 个字符的效果。但是缺点是我们每次都需要计算缩进的 px 值。

em 是一个字符的宽度，那么 2em 就是 2 个字符的宽度，使用起来更加高效。

4.3.9 对齐方式(text-align)

text-align 的值有 left、right、center，分别是左对齐、右对齐、居中对齐。

写法为：

```
h1{text-align:center;}
```

4.3.10 行高（line-height）

行高 line-height 设定了每行文字占的高度。

CSS 代码：

```
p{font-size:20px;line-height:200%;border:1px solid #333;}
```

浏览器效果：

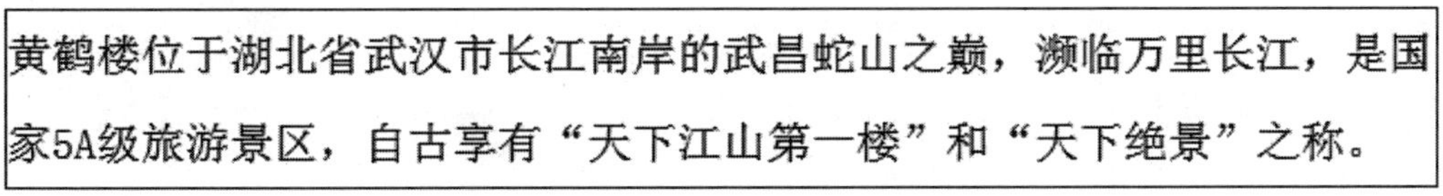

> 黄鹤楼位于湖北省武汉市长江南岸的武昌蛇山之巅，濒临万里长江，是国家5A级旅游景区，自古享有"天下江山第一楼"和"天下绝景"之称。

图 4-10　2 倍行高在浏览器中的显示效果

行高指的是什么高度呢？如图所示：

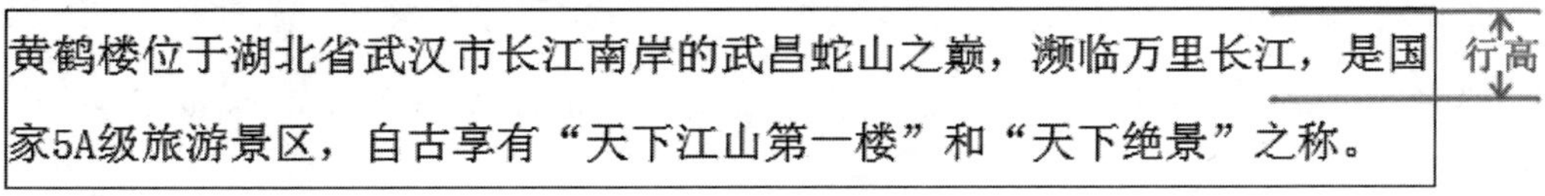

> 黄鹤楼位于湖北省武汉市长江南岸的武昌蛇山之巅，濒临万里长江，是国家5A级旅游景区，自古享有"天下江山第一楼"和"天下绝景"之称。　行高

图 4-11　行高

从图片上可以看出，我们可以通过设定行高来改变行间距。

line-height 的值的单位可以是百分比、像素、em 等，大家可以根据不同的情况使用不同的单位。

另外行高还有一个非常重要的使用方法，就是让文字垂直居中。

我们想实现这样的效果：

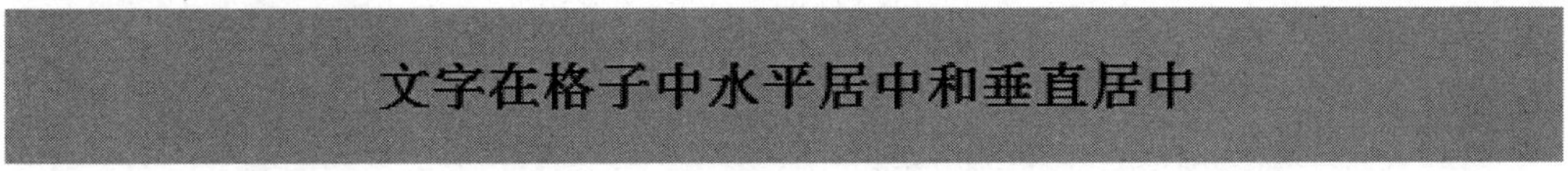

文字在格子中水平居中和垂直居中

图 4-12　文字水平居中和垂直居中效果

我们知道水平居中可以使用 text-align:center 实现,那么垂直居中要怎么实现呢?

这个格子是有高度的,我们知道文字总是在自己的行里是垂直居中的,那么如果把文字的行高和这个格子的高度设为一样的数值,文字不就在格子中垂直居中了吗?

CSS 样式:

```
h1 {
    width:600px;              /*h1这个块状元素的宽度是600像素*/
    height:60px;              /*h1这个块状元素的高度是60像素*/
    background-color:#AAA;    /*h1这个块状元素的背景颜色是灰色*/
    font-size:20px;           /*文字的字号是20像素*/
    text-align:center;        /*文字水平居中*/
    line-height:60px;         /*文字的行高是60像素*/
}
```

但这种通过设置相同高度和行高实现文字垂直居中效果的方法只适用于单行文字。

4.3.11 文字阴影(text-shadow)

文字阴影是 CSS3 的新增属性,text-shadow 可以用来设置文本的阴影效果。

语法:

```
text-shadow: X-Offset Y-Offset blur color;
```

X-offset 是水平偏移值,Y-offset 是竖直偏移值,blur 是模糊值,color 是阴影颜色。

例:

```
h1{text-shadow: 3px 3px 5px #5f5f5f;}
```

浏览器效果:

欢迎学习web前端开发

图 4-13 文字阴影效果

我们也可以使用文字阴影来制作发光字的效果。

例:

```
h1{text-shadow: 0px 0px 8px #F0F;}
```

浏览器效果:

欢迎学习web前端开发

图 4-14 利用文字阴影制作文字发光效果

4.3.12 引入字体(@font-face)

@font-face 也是 CSS3 的新增功能,它能够加载服务器的字体文件,让浏览器可以显示用户电脑里没有安装的字体。也就是说网页设计以后再也不用被 web-safe 字体限制了。

```
@font-face {
    font-family : "My Font";
    src : 字体文件在服务器上的相对或绝对路径;
}
p {
    font-size :12px;
    font-family : "My Font";
        /*必须项,设置@font-face中font-family同样的值*/
}
```

注意:
　　因为中文字体一般文件较大,所以如果只是少量文字使用字体,我们通常做法是把文字生成图片来使用。

4.3.13 多列布局(columns)

如果我们想让文字进行多列排版,不需要再对文字进行手动分块了,使用 CSS3 新增的多列 columns 可以轻松实现。

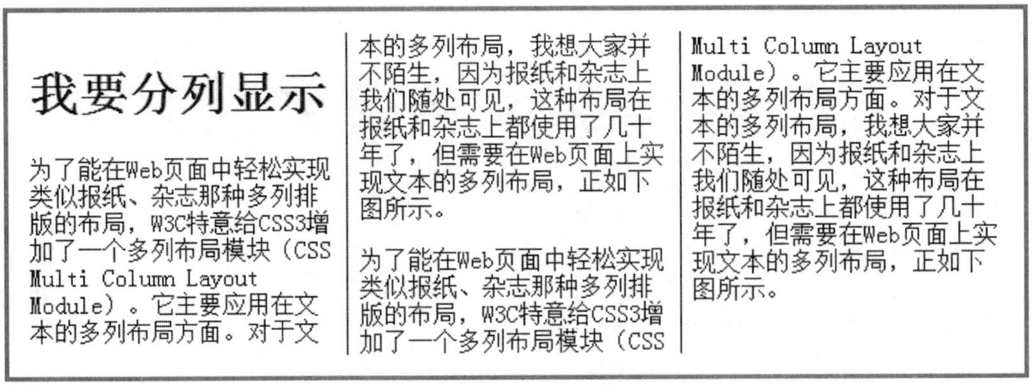

图 4-15 多列布局效果

语法：

1. `columns: <column-width> || <column-count>`

2.CSS3 列间距 column-gap

`column-gap: normal || <length>`

3.CSS3 列表边框 column-rule

`column-rule:<column-rule-width>|<column-rule-style>|<column-rule-color>`

4.CSS3 跨列设置 column-span

column-span 主要用来定义一个分列元素中的子元素能跨多少列。column-width、column-count 等属性能让一个元素分成多列，不管里面元素顺序如何排放，它们都是从左向右地被放置，但有时我们需要其中一段内容或一个标题不进行分列，也就是横跨所有列，此时使用 column-span 就可以轻松实现。此属性的语法如下：

`column-span: none | all`

实例代码：

```
<!DOCTYPE html>
<html>
<head>
<meta charset="utf-8" />
<title>多列布局</title>
<style>
div.columns {
    columns: 3;
    column-gap: normal;
```

```
        column-rule: 1px solid #000;
        border: 3px solid #069;
        padding: 14px;
        }
</style>
</head>
<body>
<div class="columns">
    <h1>我要分列显示</h1>
    <p>  为了能在Web页面中轻松实现类似报纸、杂志那种多列排版的布局，W3C
特意给CSS3增加了一个多列布局模块（CSS Multi Column Layout Module）。它
主要应用在文本的多列布局方面。对于文本的多列布局，我想大家并不陌生，因
为报纸和杂志上我们随处可见，这种布局在报纸和杂志上都使用了几十年了，但
需要在Web页面上实现文本的多列布局，正如下图所示。  </p>
    <p>  为了能在Web页面中轻松实现类似报纸、杂志那种多列排版的布局，W3C
特意给CSS3增加了一个多列布局模块（CSS Multi Column Layout Module）。它
主要应用在文本的多列布局方面。对于文本的多列布局，我想大家并不陌生，因
为报纸和杂志上我们随处可见，这种布局在报纸和杂志上都使用了几十年了，但
需要在Web页面上实现文本的多列布局，正如下图所示。  </p>
</div>
</body>
</html>
```

4.4 综合案例——纯文本页面：黄鹤楼简介

网页效果：

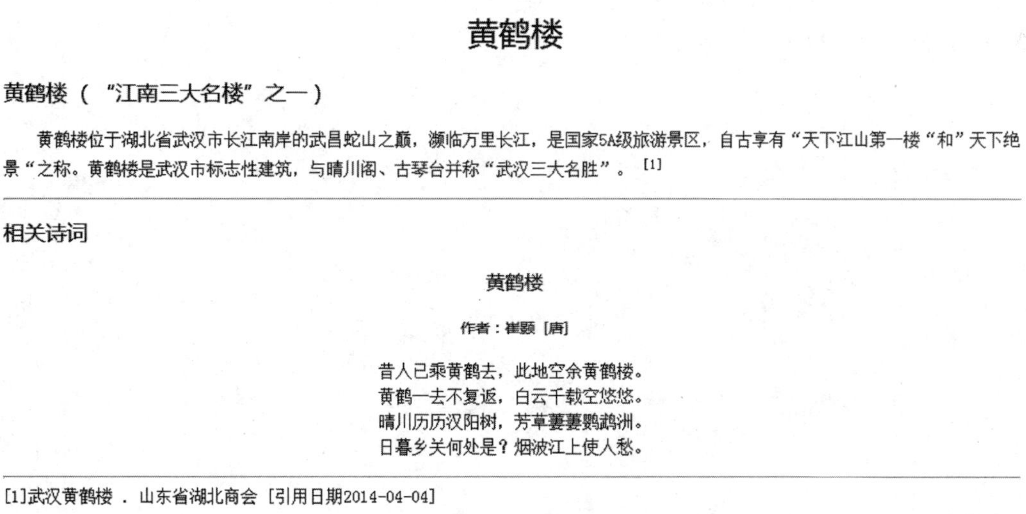

黄鹤楼

黄鹤楼（"江南三大名楼"之一）

　　黄鹤楼位于湖北省武汉市长江南岸的武昌蛇山之巅，濒临万里长江，是国家5A级旅游景区，自古享有"天下江山第一楼"和"天下绝景"之称。黄鹤楼是武汉市标志性建筑，与晴川阁、古琴台并称"武汉三大名胜"。[1]

相关诗词

黄鹤楼

作者：崔颢 [唐]

昔人已乘黄鹤去，此地空余黄鹤楼。
黄鹤一去不复返，白云千载空悠悠。
晴川历历汉阳树，芳草萋萋鹦鹉洲。
日暮乡关何处是？烟波江上使人愁。

[1]武汉黄鹤楼．山东省湖北商会 [引用日期2014-04-04]

图 4-16 《黄鹤楼简介》页面效果图

4.4.1 建立项目目录

新建 web 文件夹,在里面新建一个名为 huanghelou.html 文件和 css 文件夹,在 css 文件夹里新建 main.css 文件。

4.4.2 HTML 代码

在前面,我们已经对文本进行了分析,现在我们就用代码来进行实现。我们把每个部分的文本使用相应的标签标记起来。

HTML 代码:

```html
<!DOCTYPE html>
<html>
<head>
<meta charset="utf-8" />
<title>黄鹤楼简介</title>
<link rel="stylesheet" type="text/css" href="css/main.css">
</head>
<body>
<div class="content">
   <h1>黄鹤楼</h1>
   <h2> 黄鹤楼 ("江南三大名楼"之一) </h2>
   <p> 黄鹤楼位于湖北省武汉市长江南岸的武昌蛇山之巅,濒临万里长江,是国家5A级旅游景区,自古享有"天下江山第一楼"和"天下绝景"之称。黄鹤楼是武汉市标志性建筑,与晴川阁、古琴台并称"武汉三大名胜"。
   <sup><a href="#a1">[1]</a></sup>
   </p>
   <hr/>
   <h2> 相关诗词</h2>
   <h3>黄鹤楼</h3>
   <h4>作者:崔颢  [唐]</h4>
   <p class="poetry">昔人已乘黄鹤去,此地空余黄鹤楼。<br/>
     黄鹤一去不复返,白云千载空悠悠。<br/>
     晴川历历汉阳树,芳草萋萋鹦鹉洲。<br/>
     日暮乡关何处是?烟波江上使人愁。</p>
   <hr/>
   <ol>
      <li><a name="a1">[1]</a>武汉黄鹤楼.山东省湖北商会[引用日期2014-04-04]
      </li>
   </ol>
   <!--ol是有序列表标签,li是列项,在列表章节里具体介绍-->
</div>
</body>
</html>
```

浏览器效果如下：

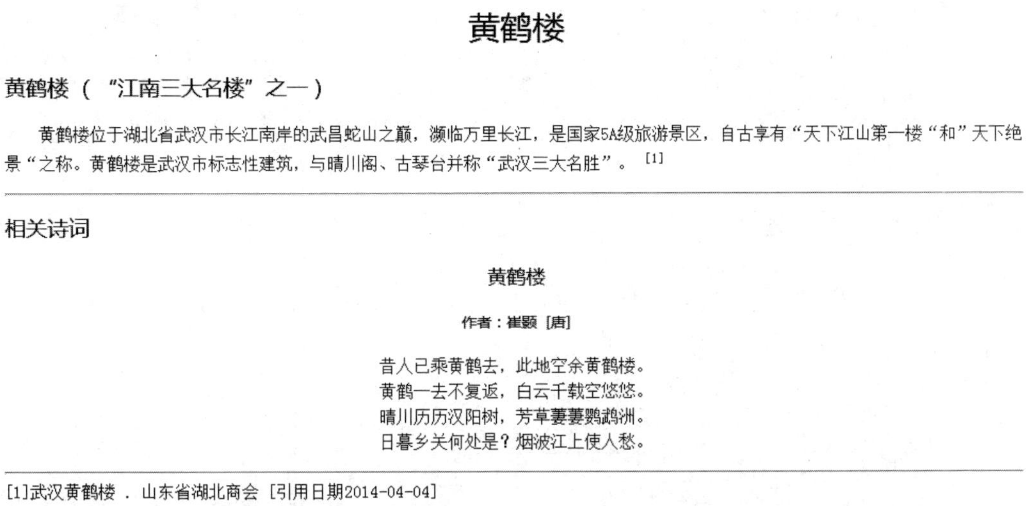

黄鹤楼

黄鹤楼（"江南三大名楼"之一）

　　黄鹤楼位于湖北省武汉市长江南岸的武昌蛇山之巅，濒临万里长江，是国家5A级旅游景区，自古享有"天下江山第一楼"和"天下绝景"之称。黄鹤楼是武汉市标志性建筑，与晴川阁、古琴台并称"武汉三大名胜"。[1]

相关诗词

黄鹤楼

作者：崔颢 [唐]

昔人已乘黄鹤去，此地空余黄鹤楼。
黄鹤一去不复返，白云千载空悠悠。
晴川历历汉阳树，芳草萋萋鹦鹉洲。
日暮乡关何处是？烟波江上使人愁。

[1]武汉黄鹤楼．山东省湖北商会［引用日期2014-04-04］

图 4-17　《黄鹤楼简介》HTML 完成后浏览器显示效果

4.4.3　CSS 代码

　　接下来我们对元素的外观进行设定。分析比较浏览器默认样式和网页效果图之间的差别。

　　页面内容结构上，我们把所有文本内容都放进一个类名为 content 的 div 里，这样方便我们后期对整体内容进行样式设定。这里我们先不做修改。

1. h1 标题

对比浏览器默认效果和效果图要求我们可以看出，我们需要 h1 做以下修改：

（1）字体改为微软雅黑；

（2）字体不加粗；

（3）字号设为 30px；

（4）行高为 1.5 倍；

（5）文字居中对齐。

分析出这些内容以后，我们就可以给 h1 写 CSS 代码：

```
h1 {
    font-family: "Microsoft Yahei";    /*字体为微软雅黑*/
    font-size: 30px;                   /*字号30px*/
    font-weight: normal;               /*文字不加粗*/
    line-height: 1.5em;                /*行高为1.5倍字符大小*/
    text-align: center;                /*水平居中*/
}
```

2.h2、h3、h4 标题

h2、h3、h4 标题与 h1 标题相同的地方有字体、不加粗、行高，差别在于字号和对齐方式。所以我们可以对上面的代码进行修改。

```
h1, h2, h3, h4 {
    font-family: "Microsoft Yahei";    /*字体为微软雅黑*/
    font-weight: normal;               /*文字不加粗*/
    line-height: 1.5em;                /*行高为1.5倍字符大小*/
}
h1{font-size:30px;text-align:center;}
h2{font-size:20px;}
h3{font-size:18px;text-align:center;}
h4{font-size:14px;text-align:center;}
```

3.段落样式

正文部分很简单，就是设置首行缩进两个字符和 1.5 倍行高。

CSS 代码：

```
p{text-indent:2em;line-height:1.5em;}
```

4.诗词部分样式

诗词部分的文字需要水平居中，因为诗词使用了段落标签，所以继承了首行缩进两个字符的属性，但是这里不需要首行缩进，所以需要把首行缩进改成 0。

```
.poetry{text-indent:0em;text-align:center;}
```

5.超级链接

超级链接默认样式有字体颜色和下划线，我们需要修改一下。

```css
a{color:#000;text-decoration:none;}
```

6.有序列表

有序列表默认有序号和内边距,我们把默认序号和内边距去掉。

```css
ol{list-style-type:none;padding:0;}
```

写到这里,我们可以看到我们的网页效果完成了!

完整的 CSS 代码为:

```css
@charset "utf-8";
/* CSS Document */
h1,h2,h3,h4{font-family:"Microsoft Yahei";     /*字体为微软雅黑*/
            font-weight:normal;                /*文字不加粗*/
            line-height:1.5em;                 /*行高为1.5倍字符大小*/
           }
h1{
    font-size:30px;                /*字号30px*/
    text-align:center;             /*文字水平居中*/
  }
h2{
    font-size:20px;                /*字号20px*/
  }
h3{
    font-size:18px;                /*字号18px*/
    text-align:center;             /*文字水平居中*/
  }
h4{
    font-size:14px;                /*字号14px*/
    text-align:center;             /*文字水平居中*/
  }
p{
    text-indent:2em;               /*首行缩进2个字符*/
    line-height:1.5em;             /*1.5倍行高*/
  }
.poetry{
    text-indent:0em;               /*首行缩进为0*/
    text-align:center;             /*文字水平居中*/
  }
a{
    color:#000;                    /*字的颜色为黑色*/
    text-decoration:none;          /*去掉下划线*/
  }
ol{
    list-style-type:none;          /*去掉序号*/
    padding:0;                     /*去掉内边距*/
  }
```

4.4.4 总结

写 HTML 代码就是把内容分类,然后选择合适的标签标记起来就可以了。注意这里的分类不是看外表,比如实例中最后的引用出处的地方,用段落和用列表都可以做出一模一样的效果,但是因为这里会有多个引用出处,而且有序号,所以我们采用了有序列表。

CSS 代码就是根据现有的外观效果与预想的效果图之间的比较,分析可以使用哪些属性达到效果图效果,然后一步一步进行改变即可。

写代码时应遵循结构与样式分离的原则,即结构内容用 HTML 代码来写,样式外观用 CSS 代码来写,这样可以提高可读性和可维护性。

本章小结

本章主要讲解了文本标签及常用 CSS 样式。在书写 HTML 的时候,一定要遵循语义化原则和结构与样式分离原则。语义化原则即在给内容选择 HTML 标签时,要按照语义进行选择。比如标题用标题标签,正文段落用段落标签,无序列表用无序列表标签……初学者可能犯的错误就是不知道到底要选用什么样的标签,这就需要:第一,牢记标签的语义;第二,多根据案例进行模仿练习,做得多了就能知道哪些内容用什么样的标签,学习 HTML 的方法就是熟能生巧。结构与样式分离原则即能够用 CSS 样式表现的就不要用 HTML 标签。比如字体加粗,HTML 标签里<b></b>、<strong></strong>等都可以实现字体加粗的效果,那么就要考虑如果是单纯的字体加粗,就使用 CSS 里的 font-weight:bold;来制作,而不使用<b></b>,如果是要强调该文本,那么使用<strong></strong>标签。

思考与研讨题

1.根据效果图,制作《荷塘月色》散文欣赏页面
具体要求:
(1)整个页面:
　　左右边距:50px。

上下边距：20px。

背景颜色：自选。

(2)"原文""赏析""更多散文"都用 h3 标题。

(3)"荷塘月色"用 h1 标题。

字体是黑体，字的大小：24px。颜色：#930。文字居中。

(4)下面的正文每段都用段落。

段落的格式：

字体：微软雅黑。字的大小：18px。

字的缩进：2个字符。

行高：1.5倍行距。

(5)最下面的列表"雨巷""父亲"用斜体。

(6)"朱自清"三个字居中对齐，字体大小：14px。

(7)赏析里的1927年7月要用强调。

(8)"赏析"里的"这几天颇不宁静"用斜体，并且颜色用红色。

(9)赏析的前后要加水平线。

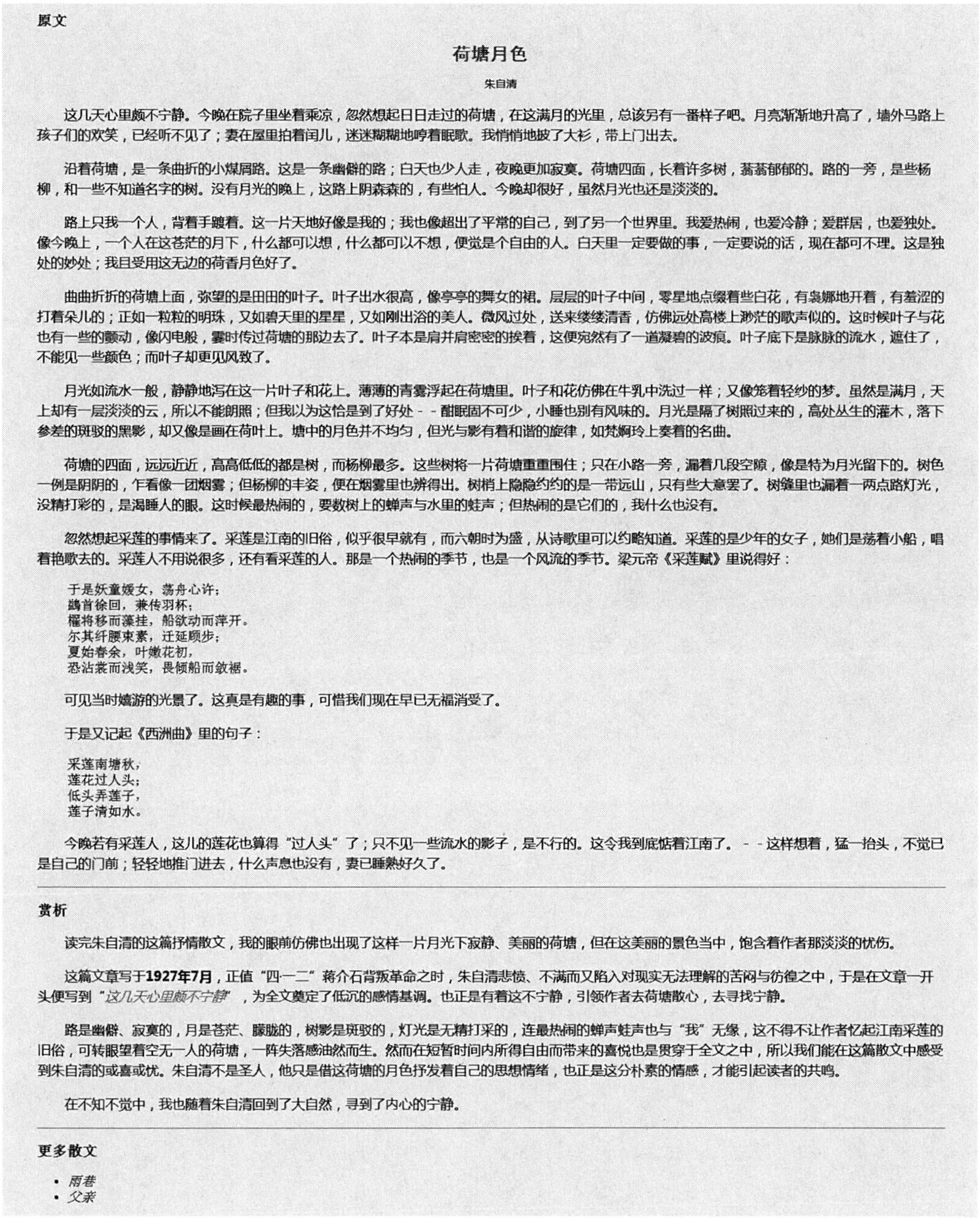

原文

荷塘月色

朱自清

这几天心里颇不宁静。今晚在院子里坐着乘凉,忽然想起日日走过的荷塘,在这满月的光里,总该另有一番样子吧。月亮渐渐地升高了,墙外马路上孩子们的欢笑,已经听不见了;妻在屋里拍着闰儿,迷迷糊糊地哼着眠歌。我悄悄地披了大衫,带上门出去。

沿着荷塘,是一条曲折的小煤屑路。这是一条幽僻的路;白天也少人走,夜晚更加寂寞。荷塘四面,长着许多树,蓊蓊郁郁的。路的一旁,是些杨柳,和一些不知道名字的树。没有月光的晚上,这路上阴森森的,有些怕人。今晚却很好,虽然月光也还是淡淡的。

路上只我一个人,背着手踱着。这一片天地好像是我的;我也像超出了平常的自己,到了另一个世界里。我爱热闹,也爱冷静;爱群居,也爱独处。像今晚上,一个人在这苍茫的月下,什么都可以想,什么都可以不想,便觉是个自由的人。白天里一定要做的事,一定要说的话,现在都可不理。这是独处的妙处;我且受用这无边的荷香月色好了。

曲曲折折的荷塘上面,弥望的是田田的叶子。叶子出水很高,像亭亭的舞女的裙。层层的叶子中间,零星地点缀着些白花,有袅娜地开着,有羞涩的打着朵儿的;正如一粒粒的明珠,又如碧天里的星星,又如刚出浴的美人。微风过处,送来缕缕清香,仿佛远处高楼上渺茫的歌声似的。这时候叶子与花也有一丝的颤动,像闪电般,霎时传过荷塘的那边去了。叶子本是肩并肩密密的挨着,这便宛然有了一道凝碧的波痕。叶子底下是脉脉的流水,遮住了,不能见一些颜色;而叶子却更见风致了。

月光如流水一般,静静地泻在这一片叶子和花上。薄薄的青雾浮起在荷塘里。叶子和花仿佛在牛乳中洗过一样;又像笼着轻纱的梦。虽然是满月,天上却有一层淡淡的云,所以不能朗照;但我以为这恰是到了好处——酣眠固不可少,小睡也别有风味的。月光是隔了树照过来的,高处丛生的灌木,落下参差的斑驳的黑影,却又像是画在荷叶上。塘中的月色并不均匀;但光与影有着和谐的旋律,如梵婀玲上奏着的名曲。

荷塘的四面,远远近近,高高低低的都是树,而杨柳最多。这些树将一片荷塘重重围住;只在小路一旁,漏着几段空隙,像是特为月光留下的。树色一例是阴阴的,乍看像一团烟雾;但杨柳的丰姿,便在烟雾里也辨得出。树梢上隐隐约约的是一带远山,只有些大意罢了。树缝里也漏着一两点路灯光,没精打彩的,是渴睡人的眼。这时候最热闹的,要数树上的蝉声与水里的蛙声;但热闹是它们的,我什么也没有。

忽然想起采莲的事情来了。采莲是江南的旧俗,似乎很早就有,而六朝时为盛,从诗歌里可以约略知道。采莲的是少年的女子,她们是荡着小船,唱着艳歌去的。采莲人不用说很多,还有看采莲的人。那是一个热闹的季节,也是一个风流的季节。梁元帝《采莲赋》里说得好:

于是妖童媛女,荡舟心许;
鹢首徐回,兼传羽杯。
櫂将移而藻挂,船欲动而萍开。
尔其纤腰束素,迁延顾步;
夏始春余,叶嫩花初,
恐沾裳而浅笑,畏倾船而敛裾。

可见当时嬉游的光景了。这真是有趣的事,可惜我们现在早已无福消受了。

于是又记起《西洲曲》里的句子:

采莲南塘秋,
莲花过人头;
低头弄莲子,
莲子清如水。

今晚若有采莲人,这儿的莲花也算得"过人头"了;只不见一些流水的影子,是不行的。这令我到底惦着江南了。——这样想着,猛一抬头,不觉已是自己的门前;轻轻地推门进去,什么声息也没有,妻已睡熟好久了。

赏析

读完朱自清的这篇抒情散文,我的眼前仿佛也出现了这样一片月光下寂静、美丽的荷塘,但在这美丽的景色当中,饱含着作者那淡淡的忧伤。

这篇文章写于**1927年7月**,正值"四一二"蒋介石背叛革命之时,朱自清悲愤、不满而又陷入对现实无法理解的苦闷与彷徨之中,于是在文章一开头便写到"*这几天心里颇不宁静*",为全文奠定了低沉的感情基调。也正是有着这不宁静,引领作者去荷塘散心,去寻找宁静。

路是幽僻、寂寞的,月是苍茫、朦胧的,树影是斑驳的,灯光是无精打采的,连最热闹的蝉声蛙声也与"我"无缘,这不得不让作者忆起江南采莲的旧俗,可转眼望着空无一人的荷塘,一阵失落感油然而生。然而在短暂时间内所得自由而带来的喜悦也是贯穿于全文之中,所以我们能在这篇散文中感受到朱自清的或喜或忧。朱自清不是圣人,他只是借这荷塘的月色抒发着自己的思想情绪,也正是这分朴素的情感,才能引起读者的共鸣。

在不知不觉中,我也随着朱自清回到了大自然,寻到了内心的宁静。

更多散文

- 雨巷
- 父亲

图4-18 《荷塘月色》页面效果

第 5 章　创建多媒体页面

> **章节大纲**

1. 图像标签:<img src=" " />,引号里的值是图像的路径。
2. 背景图片:background:url( );括号里是背景图像的路径。
3. 相对路径:由这个文件所在的路径引起的跟其他文件(或文件夹)的路径关系。
4. 视频与音频:<video></video>插入视频,<audio></audio>插入音频。

现在的网页都做得非常美观,里面除了文本还会有很多其他类型的媒体素材,比如图像、视频、音频、动画等。这些多媒体素材不像文本一样能直接写到 HTML 里,而是要以路径引入的方式链接到 HTML 文档中,所以我们一般会为不同类别的素材创建不同的文件夹,把素材分门别类地放在里面。

5.1　网页中的图像

图像在网页中主要有两种呈现方式,一种是插入图像,一种是背景图片。打开一个网页,在图像上点右键,有"图片另存为"选项的就是插入图像。

5.1.1　插入图像

插入图像使用的是 HTML 标签<img src=""/>。图像在这里属于网页中的内容。

src 是图像的源属性,指的是图像的存储路径。我们有一个图像存储在 img 文件夹里,文件名是 logo.jpg,那么在网页中插入这个图片的代码就是:

```
<img src="img/logo.jpg"/>
```

<img src=""/>同样是一个空标签,没有内容,只有属性。

src 是必须的属性,它指定的是图像的路径,浏览器可以通过这个路径找到这个图像,如果找不到,会在网页上显示 这个小图像(不同的浏览器显示的图像不一样)。

除了 src 属性外,我们还可以给 img 设定其他的一些属性。

1.width="600px" height="400px"

指定图片的宽度和高度,当然宽度和高度我们也可以通过 CSS 来进行设置。

2.alt="替换文本"

在浏览器无法载入图像时,浏览器将显示这个替代性的文本。

> **注意:**
> 图片的加载是需要时间的,所以如果网页中需要的图片比较小,我们可以先利用图像处理软件把图片修改成合适的大小以减小图片的文件大小,而不是直接插入一个很大的图片,然后再在 HTML 或者 CSS 里去修改大小。

5.1.2 背景图片

背景图片一般是在对网页进行装饰时使用的图片,写在 CSS 代码里。

语法为:

background:url(图片路径) 是否及如何重复图片定位;

url 是背景图像的路径地址。我们常常使用相对路径来定义图片的位置。

是否重复的值有 repeat、repeat-x、repeat-y、no-repeat。repeat 是指背景图片会进行平铺,repeat-x 和 repeat-y 分别指图像只在水平或垂直方向上重复,no-repeat 则不允许图像在任何方向上平铺。默认的值是 repeat,即如果没有写是否重复,就默认为背景图片在水平和垂直方向都进行重复。

背景图片的定位可以设定背景图片在元素里的水平位置和垂直位置,默认值是 left top,即在左上角。定位可以使用 left、right、center、top、bottom 等值,也可以使用百分比或像素值。如果只设定了一个值,那么默认第二个值为居中。

5.1.3 如何判断使用插入图像还是背景图片

我们在做前端开发的时候,已经有网页的设计效果图了,图上有各种各样的图像,那么我们怎么判断哪些图像是用 HTML 的插入图像、哪些是用 CSS 的背景图片呢?

判断的唯一原则就是:它是不是属于网页的内容。如果是属于内容,那么我们就使用 HTML 的插入图像;如果仅仅是装饰,我们就使用 CSS 的背景图片。

5.1.4 路径

在网页中,我们在很多地方需要使用路径,比如链接外部文件、使用图像、超级链接等,只有路径正确,文件才能正常引用。

在网页中,常用的路径有绝对路径和相对路径。

1.绝对路径

在本地磁盘上,绝对路径就是包含根目录的完整路径。在网页上,一般将包含完整域名的路径称为绝对路径。

假如在我们的网页里要引用 http://libs.baidu.com 网站上的 jquery.min.js 文件,那么我们在 HTML 里应该这样写:

```
<script src="http://libs.baidu.com/jquery/1.9.1/jquery.min.js"></script>
```

这里的路径 http://libs.baidu.com/jquery/1.9.1/jquery.min.js 就是一个绝对路径。

> **注意**:
>
> 写域名的时候必须写完整的域名,比如我们有个超级链接要打开百度的首页。那么写法是:
>
> ```
> <a href="http://www.baidu.com">百度</a>
> ```
>
> 错误写法为:
>
> ```
> <a href="www.baidu.com">百度</a>
> ```

大家可以试试,写法错误的超级链接是无效的,打不开百度的首页。

在实际开发中,只有在极少数情况下才会使用绝对路径,一般是引用外部网站上的文件,当然前提是保证这些文件是开放性质的,可以随时打开的。

2.相对路径

相对路径是我们最常用的路径方式,是由这个文件所在的路径引起的跟其他文件(或文件夹)的路径关系。

以下图中的文件关系为例,相对路径有几种情况:

图 5-1　文件夹的组织结构

(1)引用在同级目录下的文件

我们首先看一下哪些文件属于同级目录下的文件。index.html、login.html、newslist.html、css 文件夹、img 文件夹、js 文件夹这些是属于同一目录下的文件。另外,main.css 和 reset.css 属于同一目录下的文件,logo.png、nav_left.jpg、photo1.jpg 也属于同一目录下的文件。

如果是在文件里引用同一目录下的文件,相对路径的写法非常简单。比如我们在 index.html 里有个超级链接,点击这个超级链接会进入 newslist.html 文件。那么我们在 index.html 里的超级链接的写法为:

```
<a href="newslist.html">新闻列表</a>
```

> **注意：**
> 相对路径不用管这个文件的根目录在什么位置,只记录相对自己文件的位置即可。

有时候我们要引用同级目录下的文件夹里的文件,那么怎么写呢？比如我们在 index.html 里要插入 img 文件夹里的 logo.png 这个图片。写法为：

```
<img src="img/logo.png"/>
```

直接写同级目录下的文件夹然后加上"/",再写文件名即可。

> **注意：**
> 不论是什么文件,都需要写包含后缀的完整的文件名,如果不加后缀则引用是无效的。另外,书写时一定要保证文件名和后缀正确,很多初学者很容易出现因为写错文件名或者后缀导致引用失败的现象。

(2) 上级目录的文件

首先来看看什么是上级目录的文件。如果我们想在 main.css 文件里引用 img 文件夹里的 nav_left.jpg 作为一张背景图片来使用,由于 main.css 和 nav_left.jpg 不是在同一级目录下的文件,所以我们需要先找到 main.css 的上一级目录即 css 文件夹,然后找到 css 文件夹的同级目录文件 img 文件夹,再找到 img 文件夹里的 nav_left.jpg 文件。

写法为：

```
backgroud:url(../img/nav_left.jpg) repeat-x;
```

"../"表示上一级目录,注意"/"前是两个点。

5.2 综合案例——图文页面:新闻详细页

网页效果如图：

◎当前位置：首页>学院要闻>新闻要闻

我校作品《花吃了那女孩》入围乌镇戏剧节

来源：校通讯社 宣传部　编辑：吴梦圆　发布时间：2017-09-04　点击数：556次

武传新闻网讯（文/记者　吴梦圆）日前，从电影与电视学院获悉，该院影视表演教研室主任杨哲芬老师与学生的作品《花吃了那女孩》，入围第五届乌镇戏剧节青年竞演单元，并将于10月15日抵达乌镇，参加本届乌镇戏剧节。据了解，这是继去年杨哲芬老师与学生的作品《明天》受邀乌镇戏剧节嘉年华表演后的又一力作。

《花吃了那女孩》着眼于校园暴力事件，没有父母缺少安全感的周子怡、另类叛逆的李茜、被母亲虐待长大的钟诗琪，她们3人将自己生命中遭受过的痛苦全部施加在自卑的刘思彤身上。倒叙和插叙的结构，让戏剧一开场就进入高潮。4名演员将缺少家人、老师、社会关爱，相互嫉妒、仇恨，在16岁花季走向极端，体验绝望的4个姑娘表达得淋漓尽致。

摄影：喆・艺术工作室

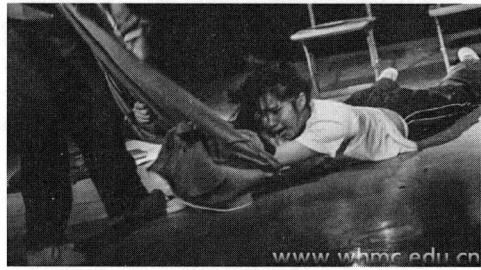

摄影：喆・艺术工作室

"5月底乌镇戏剧节公布主题，6月讨论剧本开始排练，一直到作品提交的前四天还在不断修改。"今年刚毕业的周洲4月末刚忙完毕业大戏汇演，5月就加入《花吃了那女孩》剧组。她在剧本中分饰了周子怡、老师和钟诗琪母亲三个角色，在三个完全不同的人物设定中不断寻找各自个性，排练了一个多月她才摆脱串戏的困扰。不足两个月的排练时间，超负荷的练习经常让周洲身心疲惫，但她仍为在毕业之际参与这次活动而高兴。

2016级表演专业的黄夏童在《花吃了那女孩》中饰演一直被欺负的女孩刘思彤，剧本中她有大量的动作戏。为了反映最真实的效果，一场动作戏有时候会排练将近两个月，黄夏童的鼻梁、胳膊肘、膝盖、手臂也都有不同程度的伤。除了身体上的困难，在角色转变上，黄夏童也是一改往日大大咧咧的性格，饰演一个默默无闻、负屈衔冤的人物形象。"每次排练都是一次历练，而历练的机会都需要靠自己把握。"即使身体受伤、挑战新角色，黄夏童还是非常珍惜这次机会，用百分百的努力在练习。

校园暴力事件屡见不鲜，但是真正关心事件本身的人却寥寥。指导老师杨哲芬表示，希望能够通过这部作品让大家重新审视校园暴力，思考一件暴力事件后真正的"凶手"究竟是谁。另外，她相信这段排练时间虽然很苦，但演员们一定会感谢她们自己的坚持，感谢抓住机会不退缩的自己。

据了解，作品在抵达乌镇戏剧节之前会不断修改完善，尽量做到不留遗憾，并在戏剧节结束返校后，面向同学们做专场演出。

由黄磊、赖声川、史航、田沁鑫等9位戏剧元老担任评委的第五届乌镇戏剧节将于10月19日盛大开幕，来自俄罗斯、德国、英国、美国等13个国家和地区的24部特邀剧目共计100场戏剧演出，以及众多世界一流名团和戏剧大师都将集聚在乌镇，参与这次戏剧界的盛事。

本届乌镇戏剧节青年竞演单元以"月、刀、伞"为命题，《花吃了那女孩》等18部青年竞演单元作品从来自香港、台湾、内地等300多部作品中脱颖而出，将在乌镇于蚌湾剧场进行面向群众的多轮现场公演。青年创作者们也能借此次机会与戏剧大师面对面学习与交流。

上一篇：没有了
下一篇：我校学子作品获第十五届大学生广告节学院奖银奖

图 5-2　新闻详细页效果图

5.2.1 网页结构分析

1. 整体内容放在一个 div 里，div 的宽度为 720px，在浏览器中水平居中，div 有一个圆角表框。
2. 当前位置放在一个 div 里，用 h2 标题，前面的红色箭头图片为装饰作用，所以使用背景图片。"首页""学院要闻"是超级链接。
3. 新闻标题使用 h1 标题。
4. 下面的来源信息使用 h3 标题。
5. 正文部分使用 p 段落。其中"武传新闻网讯（文/记者 吴梦圆）"和其他段落文字样式不一样，所以使用 span 标签单独标记起来。
6. 新闻图片为内容，所以使用 img 插入图片。
7. 新闻图片下面的摄影记者用单独的段落样式。
8. 最下面的"上一篇""下一篇"使用无序列表。

5.2.2 HTML 代码

根据结构分析，按照模块写 HTML 代码。
完整 HTML 代码：

```html
<!DOCTYPE html>
<html>
<head>
<meta charset="utf-8" />
<title>我校作品《花吃了那女孩》入围乌镇戏剧节-武汉传媒学院-传媒新闻网</title>
<link rel="stylesheet" type="text/css" href="css/main.css"/>
</head>
<body>
<div class="main">
  <div class="nav">
    <h2><span>当前位置：</span>
        <a>首页</a>&gt;
        <a href="newslist.html"> 学院要闻</a>&gt;新闻要闻
    </h2>
  </div>
  <!--nav end-->
  <div class="news">
    <h1>我校作品《花吃了那女孩》入围乌镇戏剧节</h1>
    <h3>来源：校通讯社 宣传部 编辑：吴梦圆 发布时间：2017-09-04 点击数：556 次 </h3>
```

```
                <p><span>武传新闻网讯（文/记者 吴梦圆）</span>日前，从电影与电视学院获悉，
            该院影视表演教研室主任杨哲芬老师与学生的作品《花吃了那女孩》，入围第五届乌
            镇戏剧节青年竞演单元，并将于10月15日抵达乌镇，参加本届乌镇戏剧节。据了解，这是继
            去年杨哲芬老师与学生的作品《明天》受邀校乌镇戏剧节嘉年华表演后的又一力作。  </p>
                <p>《花吃了那女孩》着眼于校园暴力事件，没有父母缺少安全感的周子怡，另类叛逆
            的李茜，被母亲虐待长大的钟诗琪，她们3人将自己生命中遭受过的痛苦全部施加在自卑的
            刘思彤身上。倒叙和插叙的结构，让戏剧一开场就进入高潮。4名演员将缺少家人、老师、
            社会关爱，相互嫉妒、仇恨，在16岁花季走向极端，体验绝望的4个姑娘表达得淋漓尽致。
            </p>
                <p style="text-align:center;text-indent:0em;font-size:10px">
                <img src="img/news001.png" width="500px" alt="花吃了那女孩"/>
                <br/>摄影：喆·艺术工作室 </p>
                <p style="text-align:center;text-indent:0em;font-size:10px">
                <img src="img/news002.png" width="500px" alt="花吃了那女孩"/>
                <br/>摄影：喆·艺术工作室 </p>
                <p>"5月底乌镇戏剧节公布主题，6月讨论剧本开始排练，一直到作品提交的前四天还
            在不断修改。"今年刚毕业的周洲4月末刚忙完毕业大戏汇演，5月就加入《花吃了那女孩》
            剧组。她在剧本中分饰了周子怡、老师和钟诗琪母亲三个角色，在三个完全不同的人物设定
            中不断寻找各自个性，排练了一个多月她才摆脱串戏的困扰。不足两个月的排练时间，超负
            荷的练习经常让周洲身心疲惫，但她仍为在毕业之际参与这次活动而高兴。   </p>
                <p>2016级表演专业的黄夏童在《花吃了那女孩》中饰演一直被欺负的女孩刘思彤，
            剧本中她有大量的动作戏。为了反映最真实的效果，一场动作戏有时候会排练将近两个月，
            黄夏童的鼻梁、胳膊肘、膝盖、手臂也都有不同程度的伤。除了身体上的困难，在角色转变
            上，黄夏童也是一改往日大大咧咧的性格，饰演一个默默无闻、负屈衔冤的人物形象。"每
            次排练都是一次历练，而历练的机会都需要靠自己把握。"即使身体受伤、挑战新角色，黄
            夏童还是非常珍惜这次机会，用百分百的努力在练习。</p>
                <p>校园暴力事件屡见不鲜，但是真正关心事件本身的人却寥寥。指导老师杨哲芬表示
            ，希望能够通过这部作品让大家重新审视校园暴力，思考一件暴力事件后真正的"凶手"究竟
            是谁。另外，她相信这段排练时间虽然很苦，但演员们一定会感谢她们自己的坚持，感谢抓
            住机会不退缩的自己。   </p>
                <p>据了解，作品在抵达乌镇戏剧节之前会不断修改完善，尽量做到不留遗憾，并在戏
            剧节结束返校后，面向同学们做专场演出。  </p>
                <p>由黄磊、赖声川、史航、田沁鑫等9位戏剧元老担任评委的第五届乌镇戏剧节将于
            10月19日盛大开幕，来自俄罗斯、德国、英国、美国等13个国家和地区的24部特邀剧目共计
            100场戏剧演出，以及众多世界一流名团和戏剧大师都将集聚在乌镇，参与这次戏剧界的盛事。
            </p>
                <p>本届乌镇戏剧节青年竞演单元以"月，刀，伞"为命题，《花吃了那女孩》等共18部
            青年竞演单元作品从来自香港、台湾、内地等300多部作品中脱颖而出，将在乌镇于蚌湾剧
            场进行面向群众的多轮现场公演。青年创作者们也能借此次机会与戏剧大师面对面学习与交流。
            </p>
        </div>
        <!--news end-->
        <ul>
            <li>上一篇：没有了</li>
            <li><a herf="#">下一篇：我校学了作品获第十五届大学生广告节
学院奖银奖</a> </li>
        </ul>
    </div>
    <!--main end-->
    </body>
</html>
```

5.2.3 CSS 代码

```css
@charset "utf-8";
/* CSS Document */
/*初始化*/
* {
    margin: 0;
    padding: 0;
    border: 0;
}
/*main部分*/
div.main {
    width: 720px;
    min-height: 400px; /*最小高度*/
    margin: 20px auto;/*外边距,上下20px,左右自动,这样内容就会在父级盒子里水平居中*/
    border: 1px solid #D3D3D3;
    border-radius: 5px; /*border-radius属于css3样式,所以如果没有圆角效果就请升级浏览器*/
    overflow: hidden; /*溢出的部分隐藏*/
}
/*超级链接有四种状态,具体可以查看第7章《超链接》*/
div.main a:link, div.main a:visited {
    color: #000;
    text-decoration: none;
}
div.main a:hover, div.main a:active {
    color: #C00;
    text-decoration: none;
}
div.nav span {
    font-weight: bold;
}
div.nav {
    width: 692px;
    height: 27px;
    background: url(../img/nav_bg.jpg) repeat-x;
    border-bottom: 1px solid #D3D3D3;
    font-family: "Microsoft Yahei";
    font-size: 10px;
    line-height: 27px;
    padding-left: 28px;
}
div.nav h2 {
    font-weight: normal;
    background: url(../img/nav_icon.png) no-repeat left center; /*当前位置前的小图标*/
    padding-left: 12px;/*利用左内边距给背景图片小图标留出位置*/
}
/*news部分*/
div.news {
    padding: 8px;
```

```css
}
div.news h1 {
    text-align: center;
    font-family: "Microsoft Yahei";
    color: #C00;
    font-size: 22px;
    font-weight: normal;
    margin-top: 16px;
}
div.news h3 {
    width: 680px;
    height: 27px;
    margin: 10px auto;
    text-align: center;
    font-size: 12px;
    color: #999;
    background-color: #f5f5f5;
    border: 1px solid #dedede;
    line-height: 27px;
}
div.news p {
    text-indent: 2em;
    line-height: 1.5em;
    margin: 8px 0;
}
div.news span {
    font-weight: bold;
}
div.main ul {
    padding-left: 28px;
}
div.main ul li {
    list-style-type: none;
    font-size: 12px;
    margin: 8px 0;
}
```

5.2.4 CSS 技巧总结

1. 页面初始化

浏览器对各个元素设置的默认样式中的内边距、外边距及边框都略有不同,所以我们在这个实例中使用了 * 通配符,将所有元素的内边距、外边距、边框都设为 0,然后再单独为每个元素设置内边距、外边距和边框。

2. 内容居中

在网页设计中，我们常常会让内容在浏览器中水平居中，这样可以兼容宽度不同的设备。比如在这个案例中，我们把所有内容放在一个类名为 main 的 div 里，这个 div.main 的宽度为 720px 并水平居中，只要浏览器的宽度超过 720px，就会完整显示网页内容，并且不论宽度多少，内容都是水平居中，比较美观。一般 PC 显示器常用的分辨率中最小的宽度是 1024px，所以我们一般会把页面宽度设为 960px，当然后面我们也可以使用百分比这样灵活的单位来设置宽度。

在这里我们使用 margin:20px auto 来让块状元素水平居中。这个技巧大家可以记住，它在静态定位及浮动模型下都是有效的，具体内容大家可以参考第 9 章网页布局。

3. 文字垂直居中

在这个案例中，h3 标题有一个外边框和背景颜色，所以如果没有特殊设置，文字会在偏上的位置，要想让文字垂直居中的话，我们只需要将 h3 的高度和行高设成相同的值即可，这个技巧非常实用，也很常用。

4. 图片水平居中

案例中，有两张新闻图片，需要它们居中，我们的方法是把图片放在段落标签里，然后给段落设置水平居中，因为段落前面设置会首行缩进 2 个字符，图片会偏右，我们再单独给图片所在的段落设置成首行缩进 0 字符即可。当然想让图片居中还有其他方法，大家可以思考一下。

5. 样式的优先级

我们前面讲过样式的使用方式有三种，分别是外部式、嵌入式、内联式。本案例中段落标签在外部式里有样式，新闻图片所在的段落又使用了内联式样式，两个样式不同，新闻图片所在的段落是内联式样式生效。在考虑样式效果的时候，大家可以参考就近原则，即内联式>嵌入式>外部式。

我们还有另外一种常用的写作方式，即为有独特样式需求的标签设置一个类名，在外部 CSS 里对类进行单独的样式设置。

比如，这个案例里有图片新闻的段落，我们可以这样写：

```
<p class="center"><img src="img/news001.png" width="500px"
alt="花吃了那女孩"/><br/>摄影：喆·艺术工作室 </p>
<p class="center"><img src="img/news002.png" width="500px"
alt="花吃了那女孩"/><br/>摄影：喆·艺术工作室 </p>
```

在 main.css 里写：

```
p {
    text-indent: 2em;
    line-height: 1.5em;
    margin: 8px 0;
}
p.center {
    text-align: center;
    text-indent: 0em;
    font-size: 10px;
}
```

大家可以试试这种写法，在实际开发中，单独设置类名是我们更常使用的方法。

6.背景图片放在文字前面

在本案例中，h2 标题"当前位置"前有一个小图标，很多初学者首先想到的是这里的小图标是使用插入图像的方式添加的，但是我们前面讲过，判断一个图片是不是插入图像，要看它是属于内容还是装饰，很明显，这里的小图标是一个装饰性的图片，所以我们要使用背景图片。在使用背景图片的时候，可以使用定位的方式将其放在最左边垂直居中的位置，但是"当前位置"会压在背景图片上，所以我们这里使用设置左内边距的方式来让"当前位置"向右移动一定位置，最终效果就是图片在文字的前面。这个技巧也是大家必须要掌握的，因为我们经常要用到。

7.溢出隐藏

在 div.main 里我们设置了一个 overflow:hidden;属性，它的含义是溢出隐藏，就是把超出范围的内容隐藏掉。我们常常会设置一个圆角边框，但是设了圆角边框以后，有时候会因为里面内容是方形的，导致圆角效果缺失一块，所以我们可以使用溢出隐藏来进行控制。溢出隐藏还会在很多其他情况下使用，在后面的案例中用到时我们再一一讲解。

从这里可以看出，使用 CSS 其实是需要我们动脑筋的，平时不论模仿案例还是创作自己的作品，都需要不断思考、不断总结，才能做出简洁漂亮的 CSS 代码。

5.3　CSS3 完成动画效果

5.3.1　CSS3 变形

CSS3 新增了 transform 变形属性，可以实现元素移动、缩放和旋转等效果，但是单纯使用 transform 不能实现动画效果。

1. 位移 translate( )

例：

```
-webkit-transform: translate(50px,100px);
   -moz-transform: translate(50px,100px);
        transform: translate(50px,100px);
```

2. 缩放 scale( )

例：

```
-webkit-transform: scale(1.5,0.5);
   -moz-transform: scale(1.5,0.5);
        transform: scale(1.5,0.5);
```

3. 旋转 rotate( )

例：

```
-webkit-transform: rotate(45deg);
   -moz-transform: rotate(45deg);
        transform: rotate(45deg);
```

4. 扭曲 skew( )

扭曲 skew( )函数能够让元素倾斜显示。它可以让一个对象以其中心位置为中心，围绕着 X 轴和 Y 轴按照一定的角度倾斜。这与 rotate( )函数的旋转不同，rotate( )函数只是旋转，而不会改变元素的形状。而 skew( )函数不会旋转，只会改变元素的形状。

5.原点 transform-origin

任何一个元素都有一个中心点,在默认情况下,其中心点居于元素 X 轴和 Y 轴的 50%处。CSS 变形进行的旋转、位移、缩放、扭曲等操作都是以元素自己的中心位置为中心进行变形的。但很多时候,我们可以通过 transform-origin 来改变元素的原点位置,使元素原点从元素的中心位置移到我们需要的原点位置。

5.3.2 CSS3 过渡动画

transition 在鼠标的单击、获得焦点、被点击或对元素的任何改变中触发,并平滑地以动画效果改变 CSS 的属性值。例如下面的代码:

```
div {
  width: 200px;
  height: 200px;
  background-color:red;
  margin: 20px auto;
  -webkit-transition: background-color .5s ease .1s;
          transition: background-color .5s ease .1s;
}
div:hover {
  background-color: orange;
}
```

以上代码实现了当鼠标指针移到蓝色的 div 元素上时,元素由蓝色渐变至橙色。

过渡动画的四个过渡属性为:改变的属性(transition-property)、过渡所需时间(transition-duration)、过渡函数(transition-timing-function,包括 ease/linear/ease-in/ease-out/ease-in-out)、过渡延迟时间(transition-delay)。

5.3.3 CSS3 关键帧动画

Keyframes 被称为关键帧,类似于 Flash 中的关键帧。在 CSS3 中的代码写法是以"@keyframes"为开头,后面紧跟着的是动画名称加上一对花括号"{…}",括号中的内容就是动画不同时间段的样式规则。例如下面的代码:

```
@keyframes changecolor {
  0% {
   background: red;

  }
  100% {
    background: green;

   }
}
```

使用关键帧动画的通常写法是：

```
animation:changecolor 10s ease 1s infinite;
```

分别是：动画名(一定要和关键帧动画名一致)、持续时间、动画函数、延迟时间、循环播放。

5.4 综合案例——H5圣诞贺卡

效果图：

图 5-3 圣诞贺卡效果图

该贺卡共有三个页面，第一个页面里的 Merry Christmas 有个循环动画，滑动屏幕下方的箭头进入第二个页面，在第二个页面里上面的礼物会向下滑动，圣诞老人外面的圆环循环旋转，经过一定时间，自动进入第三个页面，贺卡从信封里滑出。

HTML 代码

```html
<!DOCTYPE html>
<html>
<head>
<meta charset="uft-8">
<title>圣诞节快乐</title>
<meta http-equiv="X-UA-Compatible" content="IE-edge,chrome=1">
<meta name="viewport" content="width=device-width,initial-scale=1">
<link href="css/main.css" rel="stylesheet" type="text/css">
<script src="js/set.js"></script>
</head>
<body>
<div class="content">
  <div class="play" id="music">
  </div>
  <div class="main">
    <div class="page" id="p1">
 <div class="p1_content">
        <img src="images/p1_date.png" class="p1_date">
        <img src="images/p1_text.png" class="p1_text">
        <img src="images/p1_mountain1.png" class="p1_mountain1">
        <img src="images/p1_mountain2.png" class="p1_mountain2">
        <img src="images/p1_tree.png" class="p1_tree">
</div>
        <div class="arrow">
        </div>
    </div>
    <div class="page" id="p2">
        <img src="images/p2_top.png" class="p2_top">
        <img src="images/p2_circle.png" class="p2_circle">
        <img src="images/p2_text.gif" class="p2_text">
    </div>
    <div class="page" id="p3">
        <img src="images/p3_top.png" class="p3_top">
        <img src="images/p3_paper.png" class="p3_paper">
        <img src="images/p3_before.png" class="p3_before">
        <img src="images/p3_footer.png" class="p3_footer">
    </div>
  </div>
  <audio autoplay>
    <source src="audio/music.mp3" type="audio/mpeg">
  </audio>
</div>
</body>
</html>
```

CSS 代码

```css
@charset "utf-8";
/* CSS Document */
* {
    margin: 0;
    padding: 0;
    border: 0;
}
html, body, .content, .main, .page {
    width: 100%;
    height: 100%;
    overflow: hidden;
}
.page {
    position: absolute;
    width: 100%;
    height: 100%;
}
#music {
    width: 10vw;
    height: 10vw;
    background: #9f0000 url("../images/audio.png") no-repeat center center;
    background-size: cover;
    -webkit-border-radius: 50%;
    border-radius: 50%;
    border: 1vw solid #fff;
    position: absolute;
    z-index: 10;
    top: 5vw;
    right: 5vw;
}
.play {
    -webkit-animation: music_disc 4s linear infinite;
    animation: music_disc 4s linear infinite;
}
@-webkit-keyframes music_disc {
 0% {transform: rotate(0deg);}
 100% {transform: rotate(360deg);}
}
@keyframes music_disc {
 0% {transform: rotate(0deg);}
 100% {transform: rotate(360deg);}
}
.arrow {
    width: 6vw;
    height: 6vw;
    background: url("../images/arrow.png") no-repeat center center;
    background-size: cover;
    position: absolute;
    bottom: 5vw;
    left: 47vw;
```

```css
        -webkit-animation: arrow 1s linear infinite;
        animation: arrow 1s linear infinite;
}
@-webkit-keyframes arrow {
 0% {opacity: 0;transform: translate(0, 5vw);}
 45% {opacity: 1;}
 55% {opacity: 1;}
 100% {opacity: 0;transform: translate(0, -5vw);}
}
@keyframes arrow {
 0% {opacity: 0;transform: translate(0, 5vw);}
 45% {opacity: 1;}
 55% {opacity: 1;}
 100% {opacity: 0;transform: translate(0, -5vw);}
}
#p1 {
    display: block;
    background-color: #736060;
}
#p2 {
    display: none;
    background-color: #fff;
    -webkit-transition: 0.5s;
    transition: 0.5s;
}
.fadeOut {
    -webkit-transform: translate(0, -100%);
    transform: translate(0, -100%);
}
#p3 {
    display: none;
    background: url(../images/p3_bg.jpg) no-repeat;
    background-size: cover;
    -webkit-transition: 0.5s;
    transition: 0.5s;
}
.fadeIn {
    -webkit-transform: translate(0, -100%);
    transform: translate(0, -100%);
}
.p1_content {
    width: 100%;
    height: 100%;
}
.p1_date {
    width: 72.8vw;
    height: 30.5vh;
    position: absolute;
    top: 12.9vh;
    left: 14.4vw;
}
.p1_text {
    width: 80.9vw;
    height: 6.6vh;
```

```css
        position: absolute;
        top: 47.4vh;
        left: 9.1vw;
        -webkit-animation: p1_text 2s ease-in-out infinite;
        animation: p1_text 2s ease-in-out infinite;
}
@keyframes p1_text {
 0%, 100% {transform:scale(0.5, 0.5) rotate(-2deg);}
 25%, 75% {transform:scale(1, 1);}
 50% {transform:scale(0.5, 0.5) rotate(2deg);}
}
.p1_mountain1 {
        width: 67.5vw;
        height: 34.3vh;
        position: absolute;
        bottom: 0;
        left: 0;
}
.p1_mountain2 {
        width: 73.8vw;
        height: 43.5vh;
        position: absolute;
        bottom: 0;
        right: 0;
}
.p1_tree {
        width: 100vw;
        height: 26vh;
        position: absolute;
        bottom: 0;
        left: 0;
}
.p2_top {
        width: 100vw;
        height: 27.1vh;
        position: absolute;
        top: 0;
        left: 0;
        animation: p2_top 0.5s ease-in-out;
}
@keyframes p2_top {
 0% {opacity:0;transform:translate(0, -100%)}
 100% {opacity:1}
}
.p2_circle {
        width: 64vw;
        height: 64vw;        /*高度与宽度相等,所以高度使用了vw单位*/
        position: absolute;
        top: 33.5vh;
        left: 18vw;
        animation: p2_circle 8s linear infinite 0.4s;
}
@keyframes p2_circle {
 0% {transform:rotate(0deg);}
```

```css
    100% {transform:rotate(360deg);}
}
.p2_text {
    width: 20.9vw;
    height: 18vh;
    position: absolute;
    top: 43.5vh;
    left: 37vw;
}
.p3_top {
    width: 100vw;
    height: 24.1vh;
    position: absolute;
    top: 0;
    left: 0;
    animation: p3_top 5s ease-in-out;
}
@keyframes p3_top {
 0%, 80% {opacity:0;transform:translate(0, -100%);}
 100% {opacity:1;}
}
.p3_footer {
    width: 100vw;
    height: 21vh;
    position: absolute;
    bottom: 0;
    left: 0;
    animation: p3_footer 5s ease;
}
@keyframes p3_footer {
 0%, 80% {opacity:0;transform:translate(0, 100vh);}
 100% {opacity:1;}
}
.p3_paper {
    width: 89vw;
    height: 32vh;
    position: absolute;
    top: 45.7vh;
    left: 0;
    animation: p3_paper 9s ease forwards;
}
@keyframes p3_paper {
 0%, 50% {transform:rotate(-15deg);}
 100% {transform:rotate(0deg) translate(0, -20vh) scale(1.5);}
}
.p3_before {
    width: 110vw;
    height: 49.7vh;
    position: absolute;
    top: 50.4vh;
    left: 0;
}
```

JavaScript 代码

```javascript
// JavaScript Document
window.onload=function(){
var page1=document.getElementById("p1");
var page2=document.getElementById("p2");
var page3=document.getElementById("p3");
var music=document.getElementById("music");
var audio=document.getElementsByTagName("audio")[0];
audio.addEventListener("ended",function(event){
    music.setAttribute("class","");
},false);
music.addEventListener("touchstart",function(event){
    if(audio.paused){audio.play();
     this.setAttribute("class","play");
    }
    else{
        audio.pause();
        this.setAttribute("class","");
        }
},false);
page1.addEventListener("touchstart",function(event){
    page1.style.display="none";
    page2.style.display="block";
    page3.style.display="block";
    page3.style.top     ="100%";
    setTimeout(function(){
       page2.setAttribute("class","page fadeOut");
       page3.setAttribute("class","page fadeIn");
       
    },4000);
},false);
}
```

5.5 视频、音频、其他媒体文件

HTML4.01 里的媒体主要靠引入第三方的插件来实现，比如 Flash Player 等。HTML5 提供了直接使用媒体的标签：

(1) video：视频；

(2) audio：音频；

(3) embed：嵌入内容(包括各种媒体)，Midi、Wav、AU、MP3、Flash、AIFF 等。

5.5.1 插入视频

<video>标签定义视频,比如电影片段或其他视频流。

语法:

```
<video src=" " controls="controls">
您的浏览器不支持video标签。</video>
```

您的浏览器不支持 video 标签。</video>

需要注意的是<video>标签属于 HTML5 新增标签,所以<video></video>中间一般会写"您的浏览器不支持 video 标签,请升级您的浏览器"之类的提示语,如果用户的浏览器不支持<video>标签,就会出现该提示语。

表 5-1 video 属性

属性	值	描述
autoplay	autoplay	如果出现该属性,则视频在就绪后马上播放。
controls	controls	如果出现该属性,则向用户显示控件,比如播放按钮。
height	pixels	设置视频播放器的高度。
loop	loop	如果出现该属性,则当媒介文件完成播放后再次开始播放。
preload	preload	如果出现该属性,则视频在页面加载时进行加载,并预备播放。如果使用 "autoplay",则忽略该属性。
src	url	要播放的视频的 URL。
width	pixels	设置视频播放器的宽度。

目前,video 标签支持三种视频格式,见表 5-2。

表 5-2 浏览器支持的视频格式

格式	IE	Firefox	Opera	Chrome	Safari
Ogg	No	3.5+	10.5+	5.0+	No
MPEG 4	9.0+	No	No	5.0+	3.0+
WebM	No	4.0+	10.6+	6.0+	No

Ogg = 带有 Theora 视频编码和 Vorbis 音频编码的 Ogg 文件
MPEG4 = 带有 H.264 视频编码和 AAC 音频编码的 MPEG4 文件
WebM = 带有 VP8 视频编码和 Vorbis 音频编码的 WebM 文件

实例：

```
<video width="320" height="240" controls>
  <source src="movie.mp4" type="video/mp4">
  <source src="movie.ogg" type="video/ogg">
  <source src="movie.webm" type="video/webm">
  <object data="movie.mp4" width="320" height="240">
    <embed src="movie.swf" width="320" height="240">
  </object>
</video>
```

5.5.2 插入音频

audio 标签能够播放声音文件或者音频流。

语法：

```
<audio src="song.ogg" controls="controls">
</audio>
```

audio 的属性与 video 基本相同。

表 5-3 audio 属性

属性	值	描述
autoplay	autoplay	如果出现该属性,则音频在就绪后马上播放。
controls	controls	如果出现该属性,则向用户显示控件,比如播放按钮。
loop	loop	如果出现该属性,则每当音频结束时重新开始播放。
preload	preload	如果出现该属性,则音频在页面加载时进行加载,并预备播放。如果使用"autoplay",则忽略该属性。
src	url	要播放的音频的 URL。

目前,audio 元素支持三种音频格式,见表 5-4。

表 5-4 浏览器支持的音频格式

	IE9	Firefox 3.5	Opera 10.5	Chrome 3.0	Safari 3.0
Ogg Vorbis		√	√	√	
MP3	√			√	√
Wav		√	√		√

实例：

```
<audio controls height="100" width="100">
  <source src="horse.mp3" type="audio/mpeg">
  <source src="horse.ogg" type="audio/ogg">
  <embed height="50" width="100" src="horse.mp3">
</audio>
```

5.6 综合案例——全屏视频

我们的朋友圈经常会被全屏的 H5 视频刷屏，它们披着 H5 的外皮，内核却是各种视频。因为视频可以做成各种各样的，动感十足，所以视频类 H5 显得千变万化。实际上，它们的 H5 代码是一样的，只是视频内容有变化而已。

微鲸：10 月 20 日有大事发生

华为：老佛爷圆明园直播
图 5-4　全屏视频 H5

制作视频类 H5 非常简单。

首先要准备一个短视频。视频一般为竖版，一定要压缩，因为用户播放视频是要用流量的，一般不超过 30M。如果超过，一定要提醒用户。然后我们把视频嵌入 HTML5 页面里即可。

其次要新建一个 HTML 文件，在里面写下代码：

```
<video src="">
</video>
```

当然，想要实现全屏效果，我们还需要给 video 添加一系列的属性。另外，一般 H5 是通过微信进行推广，所以我们还需要接入微信的接口。

这里给大家参考一个模仿票据宝广告《600 年前的报纸广告》制作的一个全屏视频类 H5。

完整代码：

```php
<?php
require_once "../jssdk/jssdk.php";  //加载一次主机根目录下jssdk文件夹内jssdk.php文件
$jssdk = new JSSDK("……", "……");//填写开发者中心你的开发者ID
$signPackage = $jssdk->GetSignPackage();
?>
<!DOCTYPE html>
<html lang="zh">
<head>
<meta charset="utf-8">
<title>朕有一封2018新年朗诵会邀请函,你读一下</title>
<meta name="description" content="2018年新年朗诵会 2017年12月12日不见不散">
<meta name="viewport" content="width=device-width, initial-scale=1.0, minimum-scale=1.0, maximum-scale=1.0, user-scalable=no">
<meta name="format-detection" content="telephone=no">
<meta name="apple-mobile-web-app-capable" content="yes">
<link rel="shortcut icon" href="favicon.ico" type="image/x-icon"/>
<script src="http://res.wx.qq.com/open/js/jweixin-1.0.0.js">
</script>
//必须引用该文件
<script>
 wx.config({
    debug:   false,   //调式模式,设置为ture后会直接在网页上弹出调试信息,用于排查问题
    appId: '<?php echo $signPackage["appId"];?>',
    timestamp: <?php echo $signPackage["timestamp"];?>,
    nonceStr: '<?php echo $signPackage["nonceStr"];?>',
    signature: '<?php echo $signPackage["signature"];?>',
    jsApiList: [   //需要使用的网页服务接口
       'checkJsApi',   //判断当前客户端版本是否支持指定JS接口
       'onMenuShareTimeline',  //分享给好友
       'onMenuShareAppMessage',  //分享到朋友圈
       'onMenuShareQQ',    //分享到QQ
       'onMenuShareWeibo'  //分享到微博
    ]
 });
 wx.ready(function () {    //ready函数用于调用API,如果你的网页在加载后就需要自定义分享和回调功能,需要在此调用分享函数。//如果是微信游戏结束后,需要点击按钮触发得到分值后分享,这里就不需要调用API了,可以在按钮上绑定事件直接调用。因此,微信游戏由于大多需要用户先触发获取分值,此处请不要填写如下所示的分享API
wx.onMenuShareTimeline({   //例如分享到朋友圈的API
    title: '2018年新年朗诵会', // 分享标题
    link: 'www.whmc.edu.cn', // 分享链接
    imgUrl: 'http://www.wuhandeyi.com/share.jpg', // 分享图标
    success: function () {
       // 用户确认分享后执行的回调函数
    },
    cancel: function () {
       // 用户取消分享后执行的回调函数
    }
});
```

```
    wx.onMenuShareAppMessage({
        title: '2018年新年朗诵会',  // 分享标题
        desc: '2017年12月12日18:30凤凰演艺厅',  // 分享描述
        link: 'http://www.whmc.edu.cn',  // 分享链接
        imgUrl: 'http://www.wuhandeyi.com/share.jpg',  // 分享图标
        type: 'link',  // 分享类型,值为music、video或link,不填默认为link
        dataUrl: '',  // 如果type是music或video,则要提供数据链接,默认为空
        success: function () {
            // 用户确认分享后执行的回调函数
        },
        cancel: function () {
            // 用户取消分享后执行的回调函数
        }
    });
    wx.onMenuShareAppMessage({
        title: '2018年新年朗诵会',  // 分享标题
        desc: '2017年12月12日18:30凤凰演艺厅',  // 分享描述
        link: 'http://www.whmc.edu.cn',  // 分享链接
        imgUrl: 'http://www.wuhandeyi.com/share.jpg',  // 分享图标
        type: 'link',  // 分享类型,值为music、video或link,不填默认为link
        dataUrl: '',  // 如果type是music或video,则要提供数据链接,默认为空
        success: function () {
            // 用户确认分享后执行的回调函数
        },
        cancel: function () {
            // 用户取消分享后执行的回调函数
        }
    });
    wx.onMenuShareQQ({
        title: '2018年新年朗诵会',  // 分享标题
        desc: '2017年12月12日18:30凤凰演艺厅',  // 分享描述
        link: 'http://www.whmc.edu.cn',  // 分享链接
        imgUrl: 'http://www.wuhandeyi.com/share.jpg',  // 分享图标
        success: function () {
            // 用户确认分享后执行的回调函数
        },
        cancel: function () {
            // 用户取消分享后执行的回调函数
        }
    });
});
wx.error(function (res) {
 alert(res.errMsg);  //打印错误消息。把 debug:false设置为debug:ture
后就可以直接在网页上看到弹出的错误提示
});
</script>
<style type="text/css">
* {
    padding: 0;
    margin: 0;
}
#videobox {
    position: absolute;
```

```html
<!--/*<div id="videoend">*/--><!--</div>-->
<!--/*<div id="videoend">*/--><!--</div>-->
<script>
var videoALL = document.getElementById('videoALL'),
    videobox = document.getElementById('videobox'),
    btn = document.getElementById('btn');
var againbtn=document.getElementById('againbtn');
var clientWidth = document.documentElement.clientWidth;
var clientHeight = document.documentElement.clientHeight;
videoALL.style.width = clientWidth + 'px';
videoALL.style.height = 'auto';
document.addEventListener('touchmove', function(e){
    e.preventDefault()}, false);
function stylediv(divId){
    divId.style.width = clientWidth + 'px';
    divId.style.height = clientHeight +200+ 'px';
}
stylediv(videobox);
var u = navigator.userAgent;
var isAndroid = u.indexOf('Android') > -1 || u.indexOf('Adr') > -1; //android终端
var isiOS = !!u.match(/\(i[^;]+;( U;)? CPU.+Mac OS X/); //ios终端
function playcontr(){
    if (isAndroid) {
        videoALL.style.width = window.screen.width + 'px';
        videoALL.style.height = window.screen.height + 'px';
    }
    videobox.style.display="block";
    videoALL.play();
    btn.style.display = "none";
    againbtn.style.display='none';
};
videoALL.addEventListener('pause',function(){
    videoALL.style.width = clientWidth + 'px';
    btn.style.display = "block";
})
videoALL.addEventListener("ended",function(){
    videoALL.pause();
    videobox.style.display = "block";
    againbtn.style.display = "block";
});
</script>
</body>
</html>
```

本章小结

本章主要介绍了如何为网页中添加多媒体素材,包括图像、视频、音频等。不管是哪种素材,都需要使用到路径,如果路径写错了,那么素材是无法正确显示的,所以大家一定要认真理解路径,尤其是多媒体路径的使用方法。

思考与研讨题

1. 为上一章的《散文欣赏——荷塘月色》添加背景图片并插入图像,让页面看起来更加美观。

第 6 章 创建列表页面

章节大纲

1. 有序列表:列表项之间有前后顺序的列表,标签是<ol></ol>,里面包含列表项<li></li>。

2. 无序列表:列表项之间没有前后顺序的列表,标签是<ul></ul>,里面包含列表项<li></li>。

3. 定义列表:带有特殊含义的列表,一个列表项中包含"条件"和"列表"两个部分,标签是<dl></dl>,里面包含列表项<dt></dt><dd></dd>。

4. 列表常用样式:列表项符号、列表项图片。

列表是网页中常用的一种数据排列方式,我们在浏览网页的时候可以看到各种各样的列表,如图6-1、6-2:

图 6-1 网页中的列表

图 6-2 网页中的列表

常用的列表类型有:有序列表、无序列表和定义列表。

有序列表,顾名思义,就是列表项之间有先后顺序的列表,比如我们常用的排名等。

无序列表,是列表项之间没有先后之分的列表,我们常见的前面没有序号的列表一般都属于无序列表,而且我们可以通过浮动改变列表的排列,所以无序列表也常常用在导航里。

定义列表,是比较特殊的列表,一般表示带有特殊含义的列表。列表项中包含"条件"和"列表"两个部分。

6.1 有序列表

6.1.1 有序列表标签

有序列表通常用于排名,像下图中的图书畅销榜,图书之间是有排序的:

图 6-3 有序列表

有序列表(ordered list)的 HTML 标签是<ol></ol>,列表项(list)的 HTML 标签是<li></li>。一个有序列表里可以有多个列表项。

语法为:

```
<ol>
    <li>第一列表项</li>
    <li>第二列表项</li>
    <li>第三列表项</li>
    <li>第四列表项</li>
    ……
</ol>
```

注意:
<ol>标签后不能写任何内容,直接跟<li>标签。

错误的写法:

```
<ol>
    畅销图书排名
    <li>红星照耀中国</li>
    <li>追风筝的人</li>
    <li>活着</li>
    <li>神奇校车</li>
</ol>
```

正确的写法是:

```
<h2>畅销图书排名</h2>
<ol>
    <li>红星照耀中国</li>
    <li>追风筝的人</li>
    <li>活着</li>
    <li>神奇校车</li>
</ol>
```

另外列表项里的内容既可以是文字也可以是图片。

6.1.2 有序列表属性

默认的有序列表序号是以阿拉伯数字进行排列的,如果我们想使用字母或者罗马数字进行排序,那么我们需要赋予有序列表一个 type 属性。

语法：

```
<ol type="属性值">
   <li>第一列表项</li>
   <li>第二列表项</li>
   <li>第三列表项</li>
   <li>第四列表项</li>
   ……
</ol>
```

属性值有 1(阿拉伯数字：1、2、3……也是默认值)、a(小写英文字母：a、b、c……)、A(大写英文字母：A、B、C……)、i(小写罗马数字：i、ii、iii……)、I(大写罗马数字：I、II、III……)。

实例：

```
<ol type="a">
   <li>第一列表项</li>
   <li>第二列表项</li>
   <li>第三列表项</li>
   <li>第四列表项</li>
</ol>
```

浏览器效果：

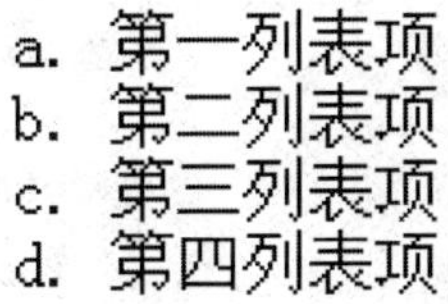

a. 第一列表项
b. 第二列表项
c. 第三列表项
d. 第四列表项

图 6-4　有序列表的 type 属性效果

当然我们也可以在 CSS 里通过 list-style-type 来进行项目符号设置。

6.2　无序列表

6.2.1　无序列表标签

无序列表在网页中的用途非常广泛，比较常见的有新闻列表、导航等。图 6-5 中的新闻列表就是典型的无序列表。

```
新闻    看湖北              2018.7.17
· 5年来 习近平这样说"金砖"
· 习近平开创人才工作新风 新时代好干部标准 晋江经验
· 《习近平谈治国理政》中阿读者会举行 诚信万里行
· 烟台改革开放40年辉煌之路 中国经济彰显底气信心十足
· 解放军将在东海实弹演习 禁航区面积和台湾岛相当
· 湖北扶贫干部与女贫困户结婚:一来二去便熟悉起来
· 乱得一塌糊涂的法国阅兵上 日本旭日旗也登场了
· 去香港有了新规定 小心被罚50万甚至坐牢
· 新加坡前高官称中国操纵别国 中国大使发文回应
· 泰副总理就普吉船难不当言论道歉 自称有华人血统
```

图 6-5 无序列表

无序列表(unordered list)的 HTML 标签是<ul></ul>,列表项(list)的 HTML 标签同样是<li></li>,写法与有序列表相同。

语法:

```
<ul>
    <li>列表项</li>
    <li>列表项</li>
    <li>列表项</li>
    <li>列表项</li>
    ……
</ul>
```

同样,无序列表<ul>标签后只能跟<li>列表项,而不能写其他内容。

6.2.2 无序列表属性

无序列表的项目符号默认的是实心圆,我们也可以通过 type 属性设置不同的项目符号。

无序列表的项目符号有 disc(实心圆,默认值)、circle(空心圆)、square(正方形)。

实例:

```
<ul type="square">
    <li>第一列表项</li>
    <li>第二列表项</li>
    <li>第三列表项</li>
    <li>第四列表项</li>
</ul>
```

浏览器效果：

- 第一列表项
- 第二列表项
- 第三列表项
- 第四列表项

图 6-6　无序列表的 type 属性效果

我们也可以利用 CSS 的 list-style-type 来设置，还可以使用 CSS 的背景图片来设置个性化的项目符号。

6.2.3　无序列表的嵌套

在实际使用中，无序列表比有序列表更实用，所以我们需要用到数据列表的时候一般都会选用无序列表。并且，在使用无序列表的时候，我们还可以做无序列表的嵌套。

实例：

```
<ul>
  <li>湖北
    <ul type="circle">
      <li>武汉</li>
      <li>鄂州</li>
      <li>荆州</li>
    </ul>
  </li>
  <li>江苏
    <ul type="circle">
      <li>南京</li>
      <li>苏州</li>
      <li>无锡</li>
    </ul>
  </li>
</ul>
```

浏览器效果：

- 湖北
  - 武汉
  - 鄂州
  - 荆州
- 江苏
  - 南京
  - 苏州
  - 无锡

图 6-7　无序列表的嵌套

6.3 定义列表

在 HTML 中,定义列表是比较特殊的列表,包含名词和描述两个部分。
语法:

```
<dl>
  <dt>名词</dt>
  <dd>描述</dd>
  <dt>名词</dt>
  <dd>描述</dd>
</dl>
```

定义列表是非常实用的一个列表,常常用在自定义表单里。比如:

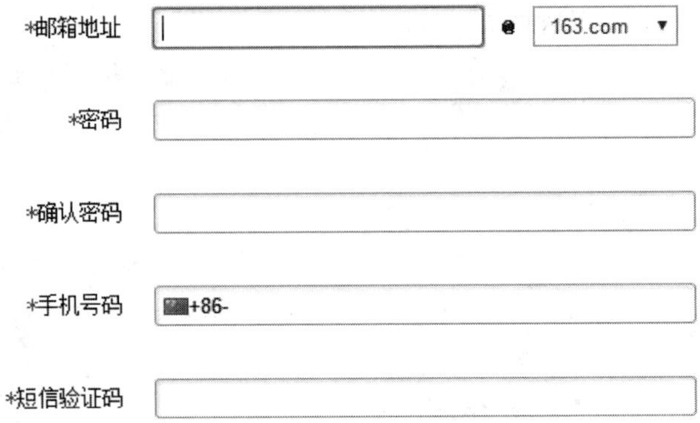

图 6-8 定义列表

我们可以观察到每行分为左右两个部分,左边部分和右边部分是有联系的,左边是名称,右边是值,这种情况下就非常适合使用定义列表。

实例:

```
<dl>
  <dt>用户名</dt>
  <dd>
    <input type="text" name="name" id="name"/>
  </dd>
  <dt>密码</dt>
  <dd>
    <input type="password" name="key" id="key"/>
  </dd>
</dl>
```

6.4 利用 CSS 样式设置列表样式

6.4.1 列表项符号（list-style-type）

在讲无序列表和有序列表的时候，里面都有个 type 属性可以更改列表项符号，我们也可以使用 CSS 样式来更改列表项符号。

语法：

```
list-style-type:值;
```

表 6-1 无序列表 list-style-type 的值

值	说明
decimal	阿拉伯数字：1、2、3……（默认值）
lower-alpha	小写英文字母：a、b、c……
upper-alpha	大写英文字母：A、B、C……
lower-roman	小写罗马数字：i、ii、iii……
upper-roman	大写罗马数字：I、II、III……
none	没有列表项符号

表 6-2 有序列表 list-style-type 的值

值	说明
disc	实心圆（默认）
circle	空心圆
square	实心方块
none	没有列表项符号

在实际开发中，我们最常使用的是 none，即去掉项目符号。

比如在网页顶部的右边一般有三个选项，分别是"加入收藏""设为首页""联系我们"，字体颜色为灰色，鼠标覆盖在上面时字体颜色变为红色，效果为：

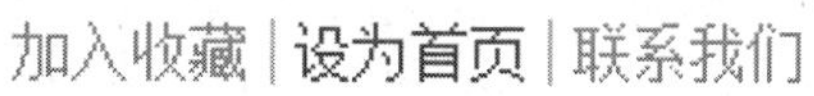

图 6-9 无列表项符号效果

HTML 代码：

```html
<ul>
    <li><a href="#">联系我们</a></li>
    <li><a href="#">设为首页</a></li>
    <li><a href="#">加入收藏</a></li>
</ul>
```

CSS 代码：

```css
* {
    margin: 0;
    padding: 0;
    border: 0;
}
ul {
    list-style-type: none;
    height: 20px;
    margin-right: 20px;
}
li {
    float: right;
    margin: 3px 0;
    font-size: 14px;
    text-align: center;
    padding: 0px 5px;
    border-right: 1px solid #CCC;
}
ul>li:first-child {
    border: none;
}
a:link, a:visited {
    color: #AAA;
    text-decoration: none;
}
a:hover, a:active {
    color: #C00;
    text-decoration: none;
}
```

6.4.2 列表项图片（list-style-image）

除了可以使用默认的列表项符号外，我们也可以利用 list-style-image 把自己喜欢的小图片设为列表项符号。

语法：

```
list-style-image:url(图片路径);
```

实例：

HTML 代码：

```
<ul>
    <li>HTML</li>
    <li>CSS</li>
    <li>JavaScript</li>
</ul>
```

CSS 代码：

```
ul {
    list-style-image:url(nav_icon.png);
}
```

浏览器效果：

学习WEB前端需要掌握

- HTML
- CSS
- JavaScript

图 6-10　列表项图片效果

在实际开发中，我们很少用 list-style-image 来设置列表项图片，而是通过先设置 list-style-type 为 none，然后设置左内边距，再设置背景图片的方式来制作。

按照这个方法，我们可以将上面案例的 CSS 代码修改为：

```
* {
    margin: 0;
    padding: 0;
    border: 0
}
li {
    list-style-type: none;
    margin-left: 10px;
    padding-left: 14px;
    background: url(nav_icon.png) no-repeat left center;
    line-height: 1.5em;
}
```

6.5 综合案例——图片列表

列表项中的内容不只是文字,也可以是图片。我们来看一个图片列表的效果图:

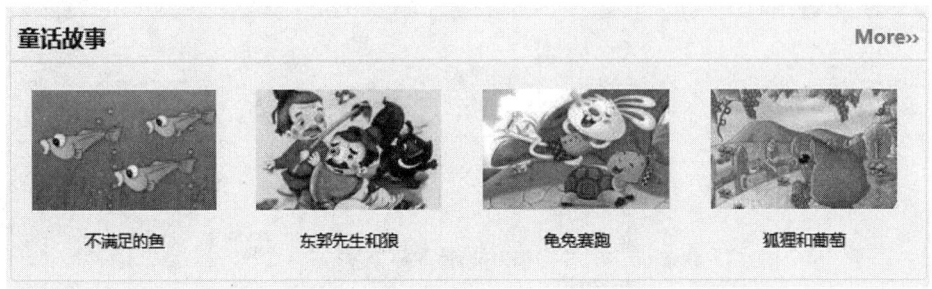

图 6-11 图片列表

6.5.1 页面分析

在拿到效果图的时候,不要直接开始写代码,而要先分析页面结构。

这个图片列表非常简单,分为上下两个部分,上面部分有标题"童话故事"和超级链接"more>>",下面部分就是图片列表。

6.5.2 HTML 代码

将上面部分的标题放在一个 div 里,标题使用 h2 标题,"more>>"使用 span 标签,方便将其放在最右边。将下面部分放在一个 div 里,使用一个无序列表,每一个列表项里包含图片和一个段落,并且把图片和段落做成超级链接。

完整代码:

```
<!DOCTYPE html>
<html>
<head>
<meta charset="utf-8"/>
<title>童话故事-小天才儿童读物</title>
<link href="main.css" rel="stylesheet" type="text/css"/>
```

```html
</head>
<body>
<div class="pic">
  <div class="title">
     <h2>童话故事<span><a href="#">More&gt;&gt;</a></span></h2>
  </div>
  <!--title结束-->
  <div class="pic_list">
    <ul class="clearfix">
       <li><a href="#"><img src="images/01.jpg" alt="不满足的鱼">
         <p>不满足的鱼</p>
         </a></li>
       <li><a href="#"><img src="images/02.jpg" alt="东郭先生和狼">
         <p>东郭先生和狼</p>
         </a></li>
       <li><a href="#"><img src="images/03.jpg" alt="龟兔赛跑">
         <p>龟兔赛跑</p>
         </a></li>
       <li><a href="#"><img src="images/04.jpg" alt="狐狸和葡萄">
         <p>狐狸和葡萄</p>
         </a></li>
    </ul>
  </div>
  <!--pic_list结束-->
</div>
<!--pic结束-->
</body>
</html>
```

6.5.3 CSS 代码

1.整体页面的背景颜色是浅灰色。

2.div.pic 有固定宽度,在页面里水平居中,并有一个圆角效果的边框。

3.div.title 有一个下边框。里面的 h2 标题文字离 div.pic 的左边框有一定距离,所以要加一个 padding-left 属性,文字在 div.title 里垂直居中。span 部分放在最右边,并且离右边框有一定的距离。

4.无序列表里的列表项不是竖排,而是横排,可使用浮动让列表项横排。列表项没有列表项符号,上下左右之间有一定的边距,里面的文字是水平居中的。此外,超级链接不需要特殊样式。

完整 CSS 代码：

```css
@charset "utf-8";
/* CSS Document */
* {
    margin: 0;
    padding: 0;
}
body {
    background-color: #F5F5F5;
    font-family: "Microsoft Yahei";
    font-size: 12px;
}
.pic {
    width: 666px;
    border: 1px solid #E8E8E8;
    margin: 20px auto;              /*让内容在浏览器中水平居中*/
    border-radius: 3px;             /*圆角半径*/
}
.title {
    height: 32px;
    border-bottom: 2px solid #E8E8E8;   /*下边框线*/
}
.title h2 {
    padding-left: 5px;
    line-height: 32px;
    font-size: 16px;
}
.title span {
    float: right;
    padding-right: 5px;
    font-size: 14px;
}
.title a {
    color: #8E8E8E;
    text-decoration: none;
}
/*清除浮动*/
.clearfix:after, .clearfix:before {
    content: "";
    display: table;
}
.clearfix:after {
    clear: both;
}
.clearfix {
    zoom: 1;
}
.pic_list li {
    float: left;      /*左浮动*/
    margin: 20px 15px;
    text-align: center;
    list-style-type: none;
}
```

```
}
.pic_list a {
    text-decoration: none;
    color: #000;
}
.pic_list img {
    border: none;
    margin-bottom: 10px;
}
```

6.5.4 总结

列表项标签(list)属于块状元素,它的特点就是会霸道地占一块内容,所以列表项默认的样式都是竖排的。在这个实例里,我们第一次接触到了浮动(float),浮动会让块状元素像云一样漂浮出来,这样其他的内容就可以围绕在块状元素的周围,达到我们想要的横排效果。但是因为浮动会让元素脱离文档流,导致它的父级元素高度塌陷,所以我们会在样式里添加清除浮动部分,即.clearfix 部分样式。具体浮动的内容我们会在第 9 章《网页布局》里详细讲解,现在大家可以先从效果出发去使用浮动。

6.6 综合案例——新闻列表

新闻列表也是综合网站里经常要用到的,下面以图 6-12 做具体分析:

6.6.1 页面分析

图 6-12 这个新闻列表整体上可以分为上下两个部分,上面是新闻列表,下面是页码。在上半部分的新闻列表里又可以分为上下两个部分,上面是标题,下面是新闻列表。在新闻列表的每个列表项里都有两个部分的内容,新闻标题和新闻发布时间,新闻发布时间放在页面的右边。

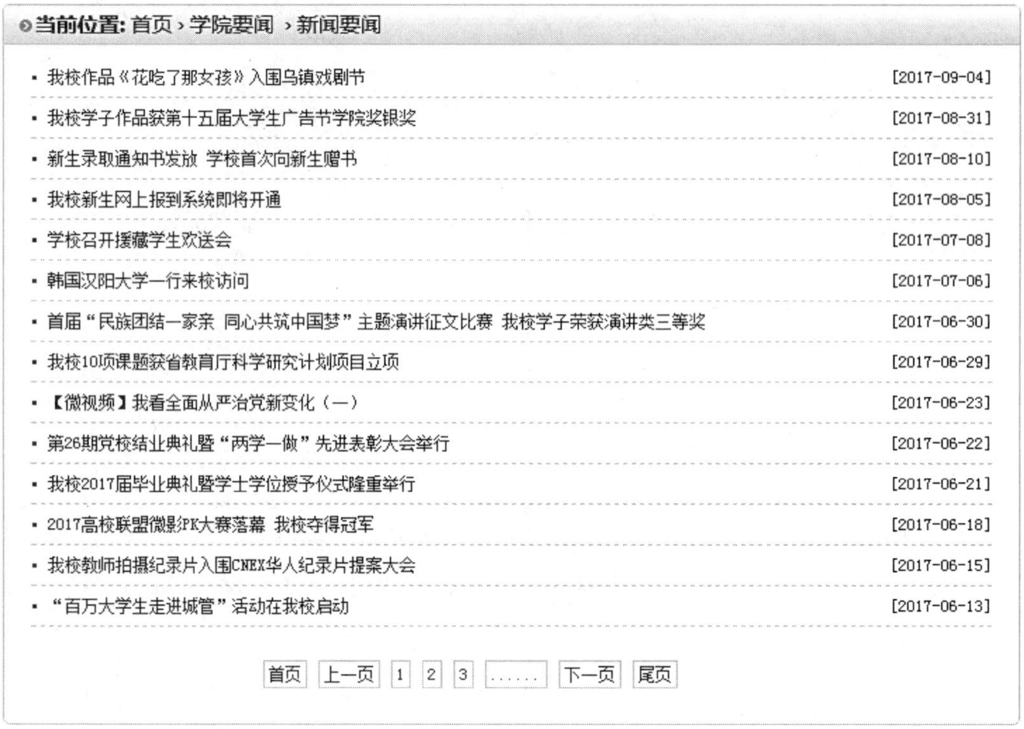

图 6-12 新闻列表

6.6.2 HTML 代码

```
<!DOCTYPE html>
<html>
<head>
<meta charset="UTF-8"/>
<!--字符编码-->
<title>学院要闻-武汉传媒学院-学院新闻网</title>
<link href="css/newslist.css" rel="stylesheet" type="text/css"/>
</head>
<body>
<div class="main">
  <div class="nav">
    <h2><span>当前位置: </span><a>首页 </a>&gt; <a href="newslist.html">学院要闻  </a>&gt; 新闻要闻
    </h2>
  </div>
  <!--nav end-->
  <div class="newslist">
    <ul>
      <li><span>[2017-09-04]</span><a href="news001.html">我校作品《花吃了那女孩》入围乌镇戏剧节</a></li>
```

```html
            <li><span>[2017-08-31]</span><a href="#">我校学子作品获第十五届大学生广告节学院奖银奖</a></li>
            <li><span>[2017-08-10]</span><a href="#">新生录取通知书发放   学校首次向新生赠书</a></li>
            <li><span>[2017-08-05]</span><a href="#">我校新生网上报到系统即将开通</a></li>
            <li><span>[2017-07-08]</span><a href="#">学校召开援藏学生欢送会</a></li>
            <li><span>[2017-07-06]</span><a href="#">韩国汉阳大学一行来校访问</a></li>
            <li><span>[2017-06-30]</span><a href="#">首届"民族团结一家亲   同心共筑中国梦"主题演讲征文比赛  我校学子荣获演讲类三等奖</a></li>
            <li><span>[2017-06-29]</span><a href="#">我校10项课题获省教育厅科学研究计划项目立项</a></li>
            <li><span>[2017-06-23]</span><a href="#">【微视频】我看全面从严治党新变化（一）</a></li>
            <li><span>[2017-06-22]</span><a href="#">第26期党校结业典礼暨"两学一做"先进表彰大会举行</a></li>
            <li><span>[2017-06-21]</span><a href="#">我校2017届毕业典礼暨学士学位授予仪式隆重举行</a></li>
            <li><span>[2017-06-18]</span><a href="#">2017高校联盟微影PK大赛落幕  我校夺得冠军</a></li>
            <li><span>[2017-06-15]</span><a href="#">我校教师拍摄纪录片入围CNEX华人纪录片提案大会</a></li>
            <li><span>[2017-06-13]</span><a href="#">"百万大学生走进城管"活动在我校启动</a></li>
        </ul>
    </div>
    <div class="page">
        <ul>
            <li><a href="#">首页</a></li>
            <li><a href="#">上一页</a></li>
            <li><a href="#">1</a></li>
            <li><a href="#">2</a></li>
            <li><a href="#">3</a></li>
            <li><a href="#">......</a></li>
            <li><a href="#">下一页</a></li>
            <li><a href="#">尾页</a></li>
        </ul>
    </div>
    <!--inline end-->
</div>
<!--main end-->
</body>
</html>
```

6.6.3 CSS 代码

```css
@charset "utf-8";
/* CSS Document */
* {
    margin: 0;
    padding: 0;
    border: 0;
}
/*main部分*/
div.main {
    width: 720px;
    min-height: 400px;
    margin: 20px auto;
    border: 1px solid #D3D3D3;
    border-radius: 5px;
    overflow: hidden;
}/*溢出的部分隐藏*/
div.main a:link, div.main a:visited {
    color: #000;
    text-decoration: none;
}
div.main a:hover, div.main a:active {
    color: #C00;
    text-decoration: none;
}
div.nav span {
    font-weight: bold;
}
div.nav {
    width: 710px;
    height: 27px;
    background: url(../img/nav_bg.jpg) repeat-x;
    border-bottom: 1px solid #D3D3D3;
    font-family: "Microsoft Yahei";
    font-size: 10px;
    line-height: 27px;
    padding-left: 10px;
}
div.nav h2 {
    font-weight: normal;
    background: url(../img/nav_icon.png) no-repeat left center;
    padding-left: 12px;
}
div.newslist {
    padding: 9px;
}
div.newslist ul {
    padding-left: 10px;
    padding-right: 10px;
```

```css
}
div.newslist li {
    list-style-type: none;
    font-size: 12px;
    height: 28px;
    line-height: 28px;
    padding-left: 12px;
    background: url(../img/ny_ico.jpg) no-repeat 0 center;
    border-bottom: 1px dashed #D3D3D3;
}
div.main ul span {
    float: right;
}
div.page {
    width: 350px;
    height: 40px;
    margin: 10px auto;
}
div.page li {
    display: inline;
    border: 1px solid #d3d3d3;
    line-height: 30px;
    font-size: 12px;
    padding: 3px;
}
```

6.6.4 总结

1.列表项里使用了背景图片的方式来制作列表项图片。

2.列表项之间的分割线使用了下边框线的方式来制作，而不是使用<hr/>水平分割线来制作，这是因为这里的线只是起装饰作用，按照结构与样式分离的原则，在这里使用样式会让代码更简洁、更便于维护。

3.在页码部分我们使用了 display 属性，它可以重置元素的类型，比如列表项 li 本身默认是块状元素，但是我们使用 display:inline，将其转换成了行内元素。当然我们也可以使用浮动来完成这个页码横排的效果，大家可以尝试一下。

本章小结

本章主要给大家介绍了列表的标签及常用样式。列表在网页中经常使用,是大家必须掌握的内容,尤其是无序列表。本章还给大家举了图片列表和新闻列表两个实例,大家可以通过这两个实例,总结出使用无序列表的很多小技巧。

思考与研讨题

1. 根据所学知识,做出下图中的新闻列表。

第 7 章　超链接

章节大纲

1. 超链接：通过超链接跳转到目标文件,标签为<a></a>。
2. 超链接样式：掌握超链接的伪类选择器的使用方法,常用样式包括颜色和是否有下划线。

一个网站由很多网页组成,这些网页主要通过超链接来构成一个网状结构。

比如,一般的网页上都会有一个导航栏,通过导航可以跳转到网站的其他页面。还有一些列表,比如新闻列表,也会设置超链接,可以通过点击新闻列表里的新闻标题,进入到新闻的详细内容页面。

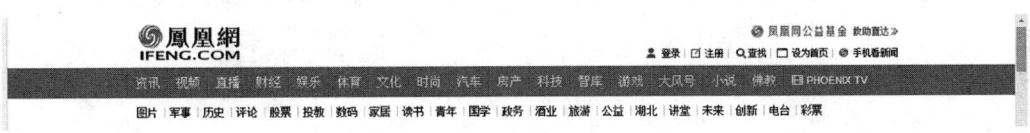

图 7-1　导航栏

一个好的网站,页面之间的转换是非常灵活的,而且是有去有回的,比如可以从首页跳转到新闻页,也可以从新闻页跳回到首页。但要注意的是网站的深度,不要设计太多层,这会影响用户的体验效果(用户可能迷失在庞大的网络结构里,不知道到底访问到哪儿了)。

另外,超链接的作用不仅仅是可以访问网站内部的页面,也可以通过锚点跳转到页面内部的某一个部分(尤其是在浏览一个超长的页面的时候非常有效,当然现在一些扁平化设计的网站也可以通过这样的方式转化页面),还可以通过超链接访问其他网站。

7.1 超链接标签及属性

7.1.1 超链接标签

超链接使用的标签是<a href="链接地址">链接</a>。

链接可以是一个字、一个词或者一组词,也可以是一幅图像,用户可以点击这些内容来跳转到新的文档或者当前文档中的某个部分。

当用户把鼠标指针移动到网页中的某个链接上时,箭头会变为一只小手。

我们通过使用<a>标签在 HTML 中创建链接。

有两种使用<a>标签的方式:

1.通过使用 href 属性创建指向另一个文档的链接。
2.通过使用 name 属性创建文档内的书签。

> **注意:**
> 链接文本不只是文字,图片或者其他元素也可以成为链接。

实例:

```
<a href="http://www.baidu.com/">百度一下</a>
```

7.1.2 超链接属性

1.href 属性

href 属性规定链接的目标。

开始标签和结束标签之间的文字被当作超链接来显示。

```
<a href="http://www.baidu.com/">百度一下</a>
```

用户点击"百度一下"就会跳转到 http://www.baidu.com 的页面。

href 的值为链接地址,可以使用绝对路径、相对路径和锚点。我们使用的绝对路径不是磁盘的绝对路径,而是网址的绝对路径,比如http://www.baidu.com。最常用的是相对路径,比如`<a href="login.html">登录</a>`,相对路径指向的可以是某个页面,也可以是其他类型的文件,比如图片、音乐、视频等。锚点位置的使用方法是写代码`<a href="#name">姓名</a>`,就会跳转到 name 属性或 id 属性为"name"的位置,具体使用方法参考 name 属性。

关于相对路径和绝对路径的基础知识,请大家参考第 5 章《创建多媒体页面》里的"路径"部分。

2. target 属性

使用 target 属性,你可以定义被链接的文档在何处显示。

下面的这行代码会在新窗口里打开文档:

```
<a href="http://www.baidu.com/" target="_blank">百度一下</a>
```

表 7-1　target 属性值

属性值	说明
_self	在原来窗口里打开链接,默认值
_blank	在新窗口里打开链接
_parent	在父窗口里打开链接
_top	在顶层窗口里打开链接

在实际开发中,_blank 是我们最常使用的值。

3. name 属性

使用 name 属性,可以定义锚点。然后在另外的链接地方使用 href 属性可以跳转到该锚点位置。

下面的代码可以定义锚点:

```
<a name="article" id="aricle">荷塘月色-朱自清</a>
```

在另外需要链接的地方写代码:

```
<a href="#article">散文原文</a>
```

点击"散文原文"就会跳转到"荷塘月色-朱自清"这个位置。这在一些超长页面或者是扁平化风格的页面上都非常有效。

> **注意：**
> 因为 HTML5 不支持使用 <a> 的 name 属性设置锚点的方法，所以需要配合使用 id 来设置锚点。

7.2 超链接样式

在所有浏览器中，链接的默认外观是：

<u>未被访问的链接</u>

<u>访问后的链接</u>

图 7-2 超链接在浏览器中默认的显示效果

如果对默认设置不满意，我们可以通过 CSS 伪类选择器对链接的外观进行设置。

```
a:link {color: #FF0000}       /* 未访问的链接 */
a:visited {color: #00FF00}    /* 已访问的链接 */
a:hover {color: #FF00FF}      /* 鼠标移动到链接上 */
a:active {color: #0000FF}     /* 鼠标按下的链接 */
```

浏览器效果：

<u>未被访问的链接</u>

<u>鼠标经过时的链接</u>

<u>鼠标按下时的链接</u>

<u>访问后的链接</u>

图 7-3 使用 CSS 设置后的超链接在浏览器中的显示效果

> **注意：**
> 在 CSS 定义中，a:hover 只有被置于 a:link 和 a:visited 之后，才是有效的。a:active 只有被置于 a:hover 之后，才是有效的。

伪类名称对大小写不敏感。

如果想去掉下划线，加上 text-decoration:none; 就可以了。

在实际开发中，为了风格的统一，我们一般会把 link 和 visited 的样式设为一样的，把 hover 和 active 的样式设为一样的。

比如：

```
a:link,a:visited{color:#333;text-decoration:none;}
a:hover,a:active{color:#C00;text-decoration:none;}
```

这样不论链接是否被访问，只要鼠标不放在上面，颜色就是统一的；将鼠标放在链接上和按下的效果也是一样的。这样既让代码简洁，又使页面效果比较统一。

7.3 综合案例——导航条

导航在网站中占有非常重要的位置，它体现了整个网站的组织结构。下面我们来看看凤凰网的导航条。

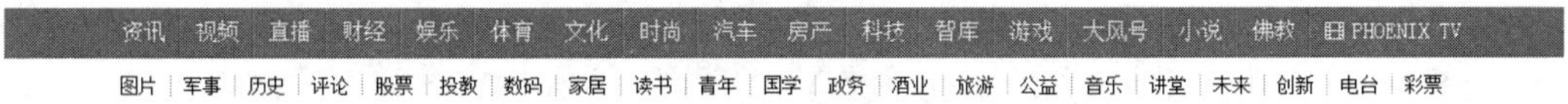

图 7-4 导航条

凤凰网的导航条分为上下两个部分，上面是红底白字，下面是白底黑字。导航条的内容一般使用无序列表来制作。

7.3.1 HTML 代码

```
<!DOCTYPE html>
<html>
<head>
<meta charset="utf-8" />
<title>凤凰网</title>
<link href="css/main.css" rel="stylesheet" type="text/css"/>
</head>
<body>
<div class="header">
  <div class="nav1">
```

```html
            <div class="nav1_content">
                <ul class="clearfix">
                    <li><a href="http://news.ifeng.com/" target="_blank">资讯</a></li>
                    <li><a href="http://v.ifeng.com/" target="_blank">视频</a></li>
                    <li><a href="http://zhibo.ifeng.com/?_cpb_fzb_6" target="_blank">直播</a></li>
                    <li><a href="http://finance.ifeng.com/" target="_blank">财经</a></li>
                    <li><a href="http://ent.ifeng.com/" target="_blank">娱乐</a></li>
                    <li><a href="http://sports.ifeng.com/ " target="_blank">体育</a></li>
                    <li><a href="http://culture.ifeng.com/" target="_blank">文化</a></li>
                    <li><a href="http://fashion.ifeng.com/" target="_blank">时尚</a></li>
                    <li><a href="http://auto.ifeng.com/" target="_blank">汽车</a></li>
                    <li><a href="http://house.ifeng.com/" target="_blank">房产</a></li>
                    <li><a href="http://tech.ifeng.com/" target="_blank">科技</a></li>
                    <li><a href="http://pit.ifeng.com/" target="_blank">智库</a></li>
                    <li><a href="http://games.ifeng.com/" target="_blank">游戏</a></li>
                    <li><a href="http://zmt.ifeng.com/" target="_blank">大风号</a></li>
                    <li><a href="http://yc.ifeng.com/?_bookch=top" target="_blank">小说</a></li>
                    <li><a href="http://fo.ifeng.com/" target="_blank">佛教</a></li>
                    <li class="PTV"><a href="http://phtv.ifeng.com/english.shtml" target="_blank">PHOENIX TV</a></li>
                </ul>
            </div>
        <!--nav1_content end-->
    </div>
    <!--nav1 end-->
    <div class="nav2">
        <div class="nav2_content">
            <ul class="clearfix">
                <li><a href="http://photo.ifeng.com/" target="_blank">图片</a></li>
                <li><a href="http://news.ifeng.com/mil/" target="_blank">军事</a></li>
                <li><a href="http://news.ifeng.com/history/" target="_blank">历史</a></li>
                <li><a href="http://pl.ifeng.com/" target="_blank">评论</a></li>
```

```html
        <li><a href="http://finance.ifeng.com/stock/" target=
"_blank">股票</a></li>
        <li><a href="http://toujiao.ifeng.com/" target="_blank">投
教</a></li>
        <li><a href="http://digi.ifeng.com/" target="_blank">数码
</a></li>
        <li><a href="http://home.ifeng.com/" target="_blank">家居
</a></li>
        <li><a href="http://book.ifeng.com/" target="_blank">读书
</a></li>
        <li><a href="http://young.ifeng.com/" target="_blank">青年
</a></li>
        <li><a href="http://guoxue.ifeng.com/" target="_blank">国学
</a></li>
        <li><a href="http://gov.ifeng.com/index.shtml" target=
"_blank">政务</a></li>
        <li><a href="http://jiu.ifeng.com/" target="_blank">酒业
</a></li>
        <li><a href="http://travel.ifeng.com/" target="_blank">旅游
</a></li>
        <li><a href="http://gongyi.ifeng.com/" target="_blank">公益
</a></li>
        <li><a href="http://yue.ifeng.com/" target="_blank">音乐
</a></li>
        <li><a href="http://talk.ifeng.com/" target="_blank">讲堂
</a></li>
        <li><a href=
"http://dol.deliver.ifeng.com/c?z=ifeng&la=0&si=2&cg=1&c=1&ci=2&or
=16170&l=60834&bg=60834&b=101851&u=http://i.audi-future.ifeng.com/
" target="_blank">未来</a></li>
        <li><a href=
"http://dol.deliver.ifeng.com/c?z=ifeng&la=0&si=2&cg=1&c=1&ci=2&or
=7144&l=27512&bg=27512&b=33679&u=http://innovation.ifeng.com/"
target="_blank">创新</a></li>
        <li><a href="http://diantai.ifeng.com/" target="_blank">电
台</a></li>
        <li><a href="http://cp.ifeng.com/?aid=44" target="_blank">
彩票</a></li>
      </ul>
    </div>
    <!--nav2_content end-->
  </div>
  <!--nav2 end-->
</div>
</body>
</html>
```

7.3.2 CSS 代码

```css
@charset "utf-8";
/* CSS Document */
* {
    margin: 0;
    padding: 0;
    border: 0;
}
.clearfix:after, .clearfix:before {
    content: "";
    display: table;
}
.clearfix:after {
    clear: both;
}
.clearfix {
    zoom: 1;
}
.nav1 {
    width: 100%;
    height: 40px;
    background: #F54343;
}
.nav1_content {
    width: 1000px;
    height: 40px;
    margin: 0 auto;
}
.nav1_content li {
    list-style-type: none;
    font-size: 16px;
    height: 29px;
    float: left;
    padding: 11px 9px 0 11px;
    border-left: 1px solid #f86a66;
    border-right: 1px solid #dc393a;
}
.nav1_content ul>li:first-child {
    border-left: none;
}
.nav1_content ul>li:last-child {
    border-right: none;
}
.nav1_content li a:link, .nav1_content li a:visited {
    color: #fff;
    text-decoration: none;
}
.nav1_content li a:hover, .nav1_content li a:active {
    color: #fff;
```

```css
        text-decoration: underline;
}
.PTV a {
    padding-left: 20px;
    background: url(../img/PTV.png) no-repeat left center;
}
.nav2_content {
    width: 1000px;
    height: 38px;
    margin: 0 auto;
}
.nav2_content li {
    list-style-type: none;
    font-size: 14px;
    margin: 12px auto;
    padding: 0px 9px;
    text-align: center;
    float: left;
    border-right: 1px solid #dfdfdf;
}
.nav2_content ul>li:last-child {
    border-right: none;
}
.nav2_content li a:link, .nav2_content li a:visited {
    color: #2b2b2b;
    text-decoration: none;
}
.nav2_content li a:hover, .nav2_content li a:active {
    color: #f54343;
    text-decoration: none;
}
```

浏览器效果：

图 7-5 导航条效果

7.3.3 总结

我们在制作导航条的时候，通常使用无序列表里嵌套超链接的方式。大家可以根据上面所举的案例学习这种嵌套方式里样式的设置技巧。

本章小结

本章主要讲解了超链接的使用方法和常用技巧。超链接是网页的一个核心概念,因为在一个网站里,只有将各个页面使用超链接链接起来之后,网站的页面才能成为一个整体,组成一个网,可以随意地在里面跳转。

思考与研讨题

1.上网搜集不同的导航条,然后创作一个你自己喜欢的独一无二的导航条。

第 8 章　表单

章节大纲

1. 表单：<form>标签。
2. 输入类表单：<input>标签，通过更改 type 属性，变成不同类型的输入类表单。
3. 文本域：<textarea>标签，用户可以输入多行文本。
4. 下拉列表：<select>标签，里面包含<option>标签。

在网页中，如果要实现用户和服务器之间的交互，那么需要使用表单，比如我们常见的按钮、单选按钮、复选框、文本输入框（比如用户名、密码等）、下拉列表等，都属于表单。

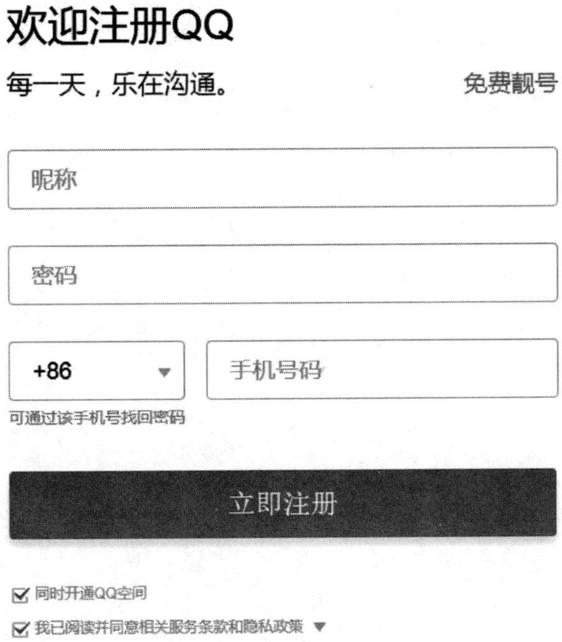

图 8-1　网页中的表单

这个页面是 QQ 邮箱的注册页面，它用到了文本输入框（昵称和手机号码）、密码输入框（密码）、下拉列表（+86）、按钮（立即注册）、复选框（下面的两个协议前的复选框）。从这里我们可以看出，用户可以通过表单输入数据，然后上传到服务器。

8.1 form 表单标签

表单的语法是：

```
<form method="传送方式" action="服务器文件"></form>
```

所有的表单元素要写在<form></form>中间。

method 是数据传送方式，一般设为 get 或者 post。get 是默认设置。如果表单提交是被动的（比如搜索引擎查询），并且没有敏感信息，可以使用 get。当使用 get 时，表单数据在页面地址栏中是可见的，比如：

```
action_page.php?firstname=Mickey&lastname=Mouse
```

如果表单正在更新数据，或者包含敏感信息（例如密码），那么推荐使用 post，因为 post 更加安全，使用 post 时在页面地址栏中提交的数据是不可见的。

action 属性定义向何处发送表单数据。通常，表单会被提交到 web 服务器上的网页。

比如：

```
<form action="action_page.php"></form>
```

如果省略 action 属性，则 action 会被设置为当前页面。

form 表单是表单的总标签，里面需要用到文本输入框、单选按钮、复选框、下拉列表等，它们都有各自的标签。接下来我们将学习这些具体的表单标签。

8.2 input 输入标签

input 输入元素是最重要的表单元素，通过给 input 设置不同的 type 属性，可以让输入的数据变化成多种形态。

> **注意：**
> input 默认为内联块状元素，所以后面不会自动换行。

语法：

```
<input type="输入类型" name="名称" id="id"/>
```

常见的 type 类型有 text（文本输入框）、password（密码输入框）、submit（提交按钮）、reset（重置按钮）、button（可点击按钮）、radio（单选按钮）、checkbox（复选框等）。

8.2.1 文本输入框、密码输入框

当用户需要输入字母、数字等单行文本内容的时候，就需要用到文本输入框。

语法：

```
<input type="text" name="名称" id="id" value="默认文本"/>
```

有一种用于输入密码的特殊文本输入框，即输入时不显示输入内容，用默认符号代替。密码输入框的 type 值是 password。

语法：

```
<input type="password" name="名称" id="id" value="默认文本"/>
```

实例：

```
用户名：<input type="text" name="name"/><br/>
密码：<input type="password" name="key"/>
```

浏览器效果：

用户名：ling
密码：●●●●

图 8-2　文本输入框和密码输入框在浏览器中的显示效果

在表单里一般要设置 name 属性和 id 属性，方便服务器对数据进行存储和处理。

value 属性里的值是文本输入框里默认出现的字，用户可以修改文本输入框里的内容，进而改变该表单的 value 值。密码输入框的默认 value 值以默认符号的形式显

示,不会直接出现 value 值。

8.2.2 提交按钮、重置按钮、可点击按钮

1. 提交按钮

提交按钮的 type 值是 submit,它可以将数据提交给表单处理程序(在 form 的 action 属性里设置),value 的值是按钮上显示的文字。

实例:

```
<input type="submit" value="提交"/>
```

浏览器显示效果:

图 8-3 提交按钮

2. 重置按钮

重置按钮的 type 值是 reset,它和提交按钮的效果恰恰相反,它可以重置表单里所有数据,value 的值同样是按钮上显示的文字。

实例:

```
<input type="reset" value="重置"/>
```

在浏览器中显示如下:

图 8-4 重置按钮

点击"重置"就会把所有数据还原成原始设置。

3. 可点击按钮

如果我们想要一个单纯的按钮,它既没有自带的 submit 提交功能,也没有 reset 重置功能,那么我们可以使用 type 值为 button 的按钮。

实例：

```
<input type="button" value="计算" onclick="compute()"/>
```

这个按钮没有提交或者重置的功能，它的功能是我们利用事件赋予的，这里的onclick 是一个事件，即点击就会触发 compute（ ）函数。compute（ ）函数可以写在 javascript 里。因此表单不仅可以和服务器进行数据的交互，在前端也可以实现数据的处理。

8.2.3 单选按钮

单选按钮的 type 值是 radio。

实例：

```
性别：<input type="radio" name="sex" id="male" value="male" checked><label for="male">男</label>
      <input type="radio" name="sex" id="female" value="female"><label for="female">女</label>
```

在浏览器中显示如下：

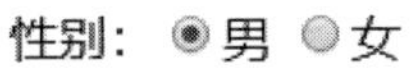

性别： ◉男 ○女

图 8-5　单选按钮

> **注意：**
> 1.同一组单选按钮只有使用相同的 name 值，才可以实现同一组中只能选择一个的效果。
> 2.value 值是传送的数据，即要存储到数据库里的值，表单外面的"男""女"只是方便用户查看的内容。
> 3.直接写"男"，用户无法通过点击"男"来选中 id 为 male 的单选按钮，但如果使用<label for="male">男</lable>就可以实现这一效果，交互性更好，for 的值是单选按钮的 id。
> 4.checked 属性规定了默认选中的按钮，也可以所有按钮都不设 checked 属性。

8.2.4 复选框

复选框的 type 值是 checkbox。

实例：

```
爱好：<input type="checkbox" name="interest" id="reading" value="reading"><label for="reading">读书</label>
      <input type="checkbox" name="interest" id="drawing" value="drawing"><label for="drawing">画画</label>
      <input type="checkbox" name="interest" id="singing" value="singing"><label for="singing">唱歌</label>
        <input type="checkbox" name="interest" id="swimming" value="swimming"><label for="swimming">游泳</label>
```

在浏览器中显示如下：

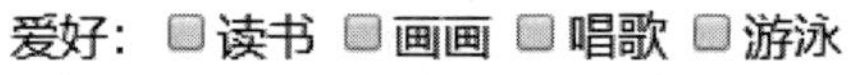

爱好：☐读书 ☐画画 ☐唱歌 ☐游泳

图 8-6 复选框

同一组复选框的 name 值要设成一样的。

8.2.5 HTML5 新增输入类型

HTML5 中 input 类型新增了 email、url、number、range、date pickers（date, month, week, time, datetime, datetime-local）、search、color 等类型。

1.email

email 类型用于包含 e-mail 地址的输入域。

在提交表单时，会自动验证 email 域的值。

实例：

```
邮箱地址：<input type="email" name="user_email"/>
```

2.url

url 类型用于包含 url 地址的输入域。

在提交表单时,会自动验证 url 域的值。

实例:

```
首页: <input type="url" name="user_url"/>
```

3.number

number 类型用于包含数值的输入域。

我们还能设定所接受的数字的范围。

实例:

```
数字: <input type="number" name="points" min="1" max="10"/>
```

在移动端,会直接切换出数字键盘。

4.range

range 类型用于包含一定范围内数字值的输入域。

range 类型显示为滑动条。

我们还能设定所接受的数字的范围。

实例:

```
<input type="range" name="points" min="1" max="10"/>
```

浏览器效果:

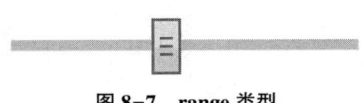

图 8-7　range 类型

5.date pickers(日期选择器)

HTML5 拥有多个可供选取日期和时间的新输入类型:

(1)date:选取日、月、年;

(2)month:选取月和年;

(3)week:选取周和年;

(4)time:选取时间(小时和分钟);

（5）datetime：选取时间、日、月、年（UTC 时间）；

（6）datetime-local：选取时间、日、月、年（本地时间）。

下面的例子允许您从日历中选取一个日期：

```
Date:<input type="date" name="user_date"/>
```

浏览器效果：

图 8-8 日期选择器

点击箭头，可以直接调用日历，进行日期的选择。

6. search

search 类型用于搜索域，比如站点搜索或 Google 搜索。

search 域显示为常规的文本域。

8.3 textarea（文本域标签）

如果要输入多行文字，那么就需要使用<textarea></textarea>。

实例：

```
自我介绍：<textarea name="introduction" rows="3" cols="30">
在这里输入简短的自我介绍内容
</textarea>
```

在浏览器上显示：

图 8-9　文本域

> **注意**：
> 1.rows 设置了文本域的可见行数,如果用户输入的文字超过可见行数,则文本域右侧会出现下拉杆。
> 2.<textarea></textarea>中间的文字是默认显示在文本域里的文字,一般是提示语句。

8.4　button(按钮标签)

前面讲过输入类型里有 button 按钮,使用方法是：

```
<input type="button" value="计算" onclick="compute()"/>
```

我们也可以直接使用 button 标签来写：

```
<button type="button" onclick="compute()">计算</button>
```

两个写法创建的按钮是一样的,但是我们也需要注意两者的不同：

```
<button type="button">文字和多媒体素材都可以</button>
```

也就是说如果使用 button 标签,按钮中的内容可以是文字,也可以是其他多媒体素材,比如可以将图片做成按钮。

> **注意：**
> type="button" 不能省略，这是因为有些浏览器默认的 button 类型并不是 button，而是 submit。

8.5 select（下拉列表标签）

使用下拉列表可以节省空间，比如用户设置出生地时有省份的选择，如果全部用单选按钮会非常占地方，也不美观，在这种情况下我们就可以使用下拉列表。

实例：

```
省份：<select name="province">
      <option value="beijing">北京</option>
      <option value="shanghai">上海</option>
      <option value="hebei">河北</option>
      <option value="henan">河南</option>
      <option value="hubei">湖北</option>
      <option value="hunan">湖南</option>
    </select>
```

在浏览器中显示为：

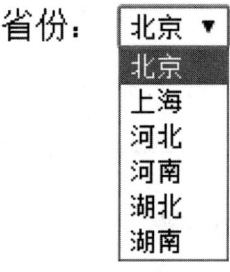

图 8-10　下拉列表

如果想实现选中某个省，后面出现该省里的市，那么需要使用 ajax 功能或者 javascript 来实现。

8.6 综合案例——163邮箱注册页面

页面效果：

图 8-11 163邮箱注册页面效果图

8.6.1 页面分析

在图 8-11 中，整体页面结构分为上下两个部分，上面为标题部分，下面为表单部分。

在标题部分，点击不同的标题可以进入不同的邮箱注册页面，这里我们只制作注册字母邮箱部分。

下面的表单部分，可以很明显看出来，一共可以分为七组表单，每组表单分为左右两个部分，左边的文字右对齐，右边的表单左对齐。在这里我们使用定义列表来制作。在 dl 定义列表中，dt 为名词，即表单左边的名称；dd 为描述，即右边的表单和表单下的文字描述。dt 的样式都一样，大部分的 dd 里的表单样式也一样，如果有不同的表单样式，给独特的表单设置不同类名即可。

8.6.2 HTML 代码

```html
<!DOCTYPE html>
<html>
<head>
<meta charset="UTF-8"/>
<title>注册网易免费邮箱-中国第一大电子邮件服务商</title>
<link href="css/main.css" rel="stylesheet" type="text/css"/>
</head>
<body>
<div class="main">
  <div class="tabs">
    <ul>
      <li><a href="#">注册字母邮箱</a></li>
      <li><a href="#">注册手机号码邮箱</a></li>
      <li><a href="#">注册VIP邮箱</a></li>
    </ul>
  </div>
  <div class="regMain">
    <form method="post" action="">
      <dl class="regForm">
        <dt class="regForm_tit"> <span>*</span>邮箱地址 </dt>
        <dd class="regForm_ipt">
          <input type="text" name="name" class="name ipt"/>
          <strong>@</strong>
          <select>
            <option value="163.com">163.com</option>
            <option value="126.com">126.com</option>
            <option value="yeah.com">yeah.com</option>
          </select>
          <div class="tips">6～18个字符，可使用字母、数字、下划线，需以字母开头</div>
        </dd>
      </dl>
      <dl class="regForm">
        <dt class="regForm_tit"> <span>*</span>密码 </dt>
        <dd class="regForm_ipt">
          <input type="passwored" name="key" class="ipt"/>
          <div class="tips">6～16个字符，区分大小写</div>
        </dd>
      </dl>
      <dl class="regForm">
        <dt class="regForm_tit"> <span>*</span>确认密码 </dt>
        <dd class="regForm_ipt">
          <input type="password" name="key2" class="ipt"/>
          <div class="tips">请再次填写密码</div>
        </dd>
      </dl>
      <dl class="regForm">
        <dt class="regForm_tit"> <span>*</span>手机号码 </dt>
        <dd class="regForm_ipt">
          <input type="text" name="tel" class="tel ipt" value="+86-"/>
```

```html
            <div class="tips">忘记密码时，可以通过该手机号码快速找回</div>
        </dd>
    </dl>
    <dl class="regForm">
        <dt class="regForm_tit"> <span>*</span>短信验证码 </dt>
        <dd class="regForm_ipt">
            <input type="text" name="tel_a" class="ipt"/>
            <div class="tips">请查收手机短信，并填写短信中的验证码</div>
        </dd>
    </dl>
    <dl class="regForm">
        <dt class="regForm_tit">  </dt>
        <dd class="regForm_ipt">
            <input type="checkbox" name="check" checked/>
            同意<a href="#">"服务条款"</a>和<a href="#">"隐私权相关政策"</a>
        </dd>
    </dl>
    <dl class="regForm">
        <dt class="regForm_tit">  </dt>
        <dd class="regForm_ipt">
            <button type="button">立即注册</button>
        </dd>
    </dl>
   </form>
  </div>
 </div>
</body>
</html>
```

8.6.3 CSS 代码

```css
@charset "utf-8";
/* CSS Document */
/*初始化*/
* {
    margin: 0;
    padding: 0;
    border: 0;
}
.main {
    width: 640px;
    min-height: 200px;
    border: 1px solid #e0e0e0;
    margin: 20px auto;
    background-color: #FFF;
    font-size: 14px;
}
```

```css
.tabs ul {
    width: 413px;
    height: 32px;
    margin: 20px auto;
    background-color: #EEE;
    background: url(../img/bg1.jpg) repeat-x;
    border: 1px solid #CCC;
    border-radius: 5px;
    overflow: hidden;
}
.tabs li {
    width: 137px;
    height: 34px;
    float: left;
    list-style-type: none;
    text-align: center;
    line-height: 34px;
    border-right: 1px solid #CCC;
}
.tabs ul>li:first-child {
    background-color: #09F;
    background: url(../img/bg2.jpg) repeat-x;
    border: 0;
    border-radius: 5px 0 0 5px;
}
.tabs ul>li:last-child {
    border: 0;
}
.tabs li a {
    display: inline-block;
    width: 137px;
    height: 34px;
    color: #333;
    text-decoration: none;
}
.tabs ul>li:first-child a {
    color: #fff;
}
.regMain {
    width: 510px;
    min-height: 200px;
    margin: 0 auto;
}
.regForm {
    width: 510px;
    height: 60px;
}
.regForm_tit {
    width: 90px;
    float: left;
    text-align: right;
    margin-right: 20px;
    line-height: 24px;
}
```

```css
.regForm_tit span {
    color: #C00;
    text-align: right;
}
.regForm_ipt {
    width: 400px;
    float: left;
}
.ipt {
    width: 336px;
    padding: 4px 5px;
    border: 1px solid #ABABAB;
    box-shadow: 2px 2px 3px #EDEDED inset;
    border-radius: 3px;
    margin-right: 5px;
}
.name {
    width: 200px;
}
.ipt:focus {
    border-color: #3061C6;
}
.ipt:hover {
    border-color: #7B7B7B;
}
.regForm_ipt select {
    padding: 3px 6px;
    font-weight: bold;
    color: #333;
    border: 1px solid #ABABAB;
    border-radius: 0;
    margin-left: 5px;
}
.regForm_ipt select:focus {
    border-color: #3061C6;
}
.regForm_ipt select:hover {
    border-color: #7B7B7B;
}
.tips {
    font-size: 10px;
    color: #CCC;
    margin-top: 10px;
}
.tel {
    width: 320px;
    background:url(../img/国旗.jpg) no-repeat 5px center;
    padding-left: 21px;
}
.regForm_ipt a {
    color: blue;
    text-decoration: none;
}
```

```css
.regForm_ipt button {
    width: 120px;
    height: 35px;
    border: 1px solid #2f7d1b;
    background-color: #60b54c;
    border-radius: 3px;
    color: #FFF;
    font-size: 16px;
    text-align: center;
    font-weight: bold;
}
.regForm_ipt button:hover {
    background-color: #5cad49;
}
```

8.6.4 总结

1.使用定义列表。虽然定义列表在其他情况下用得不多,但是在自定义表单部分非常实用。

2.表单的样式。我们在这里使用两个伪类选择器,来设置鼠标覆盖时的表框颜色和获得焦点时的表框颜色:

.regForm_ipt select:focus{border-color:#3061C6;}

.regForm_ipt select:hover{border-color:#7B7B7B;}

本章小结

本章主要讲解了表单的使用方法及技巧。表单可以让页面具有更好的交互性,在第 10 章《JavaScript 应用》里我们还会反复用到表单,所以大家一定要多多练习。

思考与研讨题

从网上搜集一份调查问卷资料,制作一个调查问卷的页面。

第 9 章　网页布局

> **章节大纲**

1. 结构标签：专门用于网页布局的标签，HTML4.01 中常用的结构标签是 <div>，HTML5 中新增了语义化的结构标签。
2. 浮动模型：使用 float 让元素浮出来，脱离正常的文档流，可以左浮动也可以右浮动，使用浮动时记得清除浮动。
3. 层定位：使用 position 可给元素设置不同的定位方式，它包括静态定位、相对定位、绝对定位和固定定位。

我们在前面介绍过，HTML 标签元素分为块状元素、内联元素、内联块状元素三大类型。不同类别的元素有各自的特点，比如块状元素不论本身的宽度是多少都会霸占整行的位置。但是我们在浏览各种各样的网页时会发现，不同的内容会按照我们的设计放在不同的位置，因此我们需要学习网页布局的内容。

9.1　原始的网页布局——表格布局

很早以前，为了让不同的内容放在各自设定的位置上，我们主要使用表格布局的方式。原理是表格里可以分出很多单元格，可以把网页的内容放在不同的单元格里，最后组成完整的网页。

虽然使用表格进行网页布局的方法现在使用得不多，已经被淘汰了，表格也回归了它原本的作用，但是我们不妨了解一下。

9.1.1 表格标签

表格由<table>标签来定义。每个表格均有若干行(由<tr>标签定义),每行被分割为若干单元格(由<td>标签定义)。td 指表格数据(table data),即数据单元格的内容。数据单元格可以包含文本、图片、列表、段落、表单、水平线、表格,等等。

没有定义列的标签,列的数量由 td 单元格决定。比如:

```
<table border="1">
  <tr>
     <td>1行1列</td>
     <td>1行2列</td>
  </tr>
  <tr>
     <td>2行1列</td>
     <td>2行2列</td>
  </tr>
</table>
```

浏览器中显示:

图 9-1 表格

9.1.2 表头

表格的表头使用<th>标签进行定义。

大多数浏览器会把表头显示为粗体居中的文本:

```
<table border="1">
  <tr>
     <th>表头</th>
     <th>表头</th>
  </tr>
  <tr>
     <td>1行1列</td>
     <td>1行2列</td>
  </tr>
  <tr>
     <td>2行1列</td>
     <td>2行2列</td>
  </tr>
</table>
```

浏览器中显示：

图 9-2　表头

9.1.3　边框

表格默认是没有边框的，如果想让表格有边框，需要添加 border 属性。

```
<table border="1"></table>
```

9.1.4　表格标题

使用<caption>表格标题</caption>给表格添加标题。

比如：

```
<table border="1">
  <caption>我的标题</caption>
  <tr>
    <th>表头</th>
    <th>表头</th>
  </tr>
  <tr>
    <td>1行1列</td>
    <td>1行2列</td>
  </tr>
  <tr>
    <td>2行1列</td>
    <td>2行2列</td>
  </tr>
</table>
```

浏览器显示：

图 9-3　表格标题

9.1.5 单元格边距和单元格间距

单元格边距(cell padding)属性规定单元格边沿与其内容之间的空白间隙。单元格间距(cell spacing)属性规定的是单元格之间的空白间隙。

在实际开发中,较少使用cell padding和cell spacing属性,而是使用CSS来添加边距和间距。

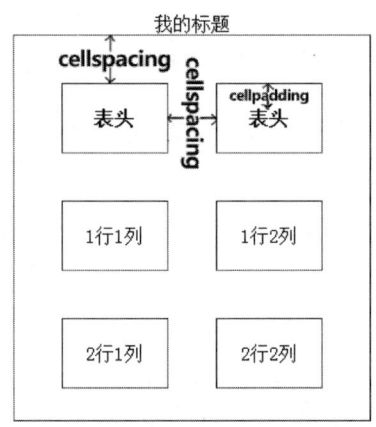

图 9-4　单元格的边距和间距

如果用于网页布局,我们通常把border、cellpadding、cellspacing都设成0,让单元格里的内容之间没有空隙。

9.1.6 跨行或跨列的单元格

在表格的使用中,我们常常需要合并单元格。我们可以使用rowspan合并行,使用colspan合并列,具体使用方法如下:

```
<h4>横跨两列的单元格: </h4>
<table border="1" cellpadding="5" cellspacing="0">
    <tr>
        <th>学院</th>
        <th colspan="3">专业</th>
    </tr>
    <tr>
        <td>新闻传播学院</td>
        <td>广播电视学</td>
```

```
        <td>网络与新媒体</td>
        <td>广告学</td>
    </tr>
</table>
<h4>横跨两行的单元格:</h4>
<table border="1" cellpadding="5" cellspacing="0">
    <tr>
        <th>学院</th>
        <td>新闻传播学院</td>
    </tr>
    <tr>
        <th rowspan="3">专业</th>
        <td>广播电视学</td>
    </tr>
    <tr>
        <td>网络与新媒体</td>
    </tr>
    <tr>
        <td>广告学</td>
    </tr>
</table>
```

浏览器显示:

图 9-5　跨行和跨列的单元格

9.1.7　表格布局的优缺点

表格布局的原理非常简单,就是把网页的元素放在一个表格的单元格里,通过单元格分布来确定不同元素内容的位置,对其进行定位(如图9-6)。

表格布局的优点在于简单易学,但是缺点也非常明显。首先表格布局违背了语义化原则,其次表格布局的可维护性很差。因此我们现在都不再使用表格来进行网页布局了。

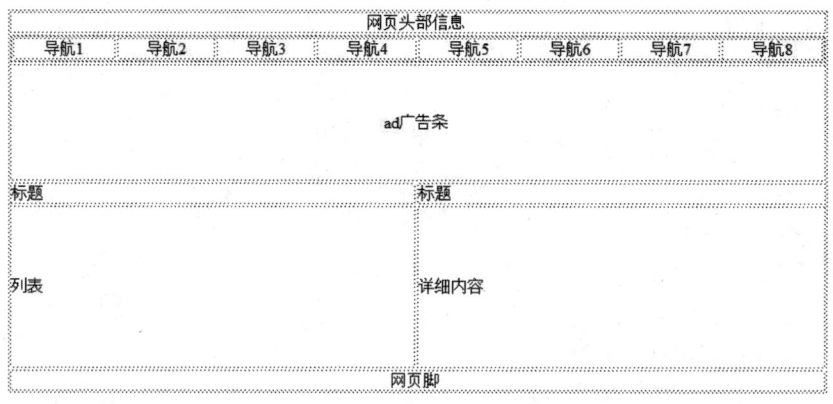

图 9-6 利用表格进行布局

9.2 结构标签

9.2.1 div 标签

在 HTML4.01 标准里,我们使用的结构标签是 div 标签,它的含义就是块,因为使用频率高,我们在说这个标签的时候直接把它叫作 div。

不论是标题、段落、图像、视频、表单还是超链接,任何元素都可以放进 div,div 之间主要靠 class 属性或者 id 属性来进行区分,div 里也可以嵌套 div。我们可以把 div 想象成一个盒子,盒子里可以放很多东西,也可以放很多小盒子。

但是 div 用多了之后,我们会发现整个网页结构里全是 div,大家地位一样,只能靠类名或 ID 名进行区分。所以,HTML5 新增了很多语义化的结构标签,通过标签就可以区分该部分内容属于什么类型。

9.2.2 HTML5 新增的语义化结构标签

在 HTML5 标准里,新增了语义化的结构标签,分别是:

(1) section:独立内容区块,可以用 h1~h6 组成大纲,表示文档结构,也可以有章节、页眉、页脚或其他部分;

(2) article:特殊独立区块,代表了文档、页面或者是程序中独立完整的可以被外部引用的内容；

（3）aside：标签内容之外与标签内容相关的辅助信息；

（4）header：某个区块的头部信息/标题；

（5）hgroup：用于对标题元素进行分组；

（6）footer：底部信息；

（7）nav：导航链接；

（8）figure：独立的单元，例如某个有图片与内容的新闻块。

比如：

在 HTML4.01 里这样写：

```
<body>
<div class="header">
  <div class="nav">    </div>
</div>
<div class="main">
  <div class="section1">    </div>
  <div class="section2">    </div>
</div>
<div class="footer"> </div>
</body>
```

在 HTML5 里这样写：

```
<body>
  <header>
     <nav>...</nav>
  </header>
  <section></section>
  <section></section>
  <footer></footer>
</body>
```

不论是语义化还是代码的简洁性，HTML5 的语义化结构标签都非常实用。只是目前很多时候我们为了兼容老版本的浏览器，还在使用 div 标签，不过未来使用 HTML5 的结构标签是趋势。

9.3 文档流

在学习复杂的网页布局之前，我们先来了解一下"文档流"这个基础概念。

文档流，简单来说就是元素在页面中出现的先后顺序。正常文档流，即 W3C 标准里的"normal flow"，是默认情况下的网页元素的布局情况。它遵循以下原则：

块状元素都会在所处的包含元素内自上而下按顺序垂直延伸分布，因为在默认状态下，块状元素的宽度都为 100%。实际上，块状元素都会以行的形式占据位置。

内联元素都会在所处的包含元素内从左到右水平分布显示（内联元素不像块状元素那样独占一行）。

实例：

```html
<!doctype html>
<html>
<head>
<meta charset="UTF-8"/>
<title>文档流</title>
</head>
<body>
<h1>黄鹤楼</h1>
<h2> 黄鹤楼（"江南三大名楼"之一） </h2>
<p> <b>黄鹤楼</b>位于湖北省武汉市长江南岸的武昌蛇山之巅，濒临万里长江，是国家5A级旅游景区，自古享有<i>"天下江山第一楼"</i>和<i>"天下绝景"</i>之称。黄鹤楼是武汉市标志性建筑，与晴川阁、古琴台并称<i>"武汉三大名胜"</i>。 </p>
<h2> 相关诗词</h2>
<h3>黄鹤楼</h3>
<h4>作者：崔颢  [唐]</h4>
<p class="poetry">昔人已乘黄鹤去，此地空余黄鹤楼。<br/>
    黄鹤一去不复返，白云千载空悠悠。<br/>
    晴川历历汉阳树，芳草萋萋鹦鹉洲。<br/>
    日暮乡关何处是？烟波江上使人愁。</p>
</body>
</html>
```

浏览器效果：

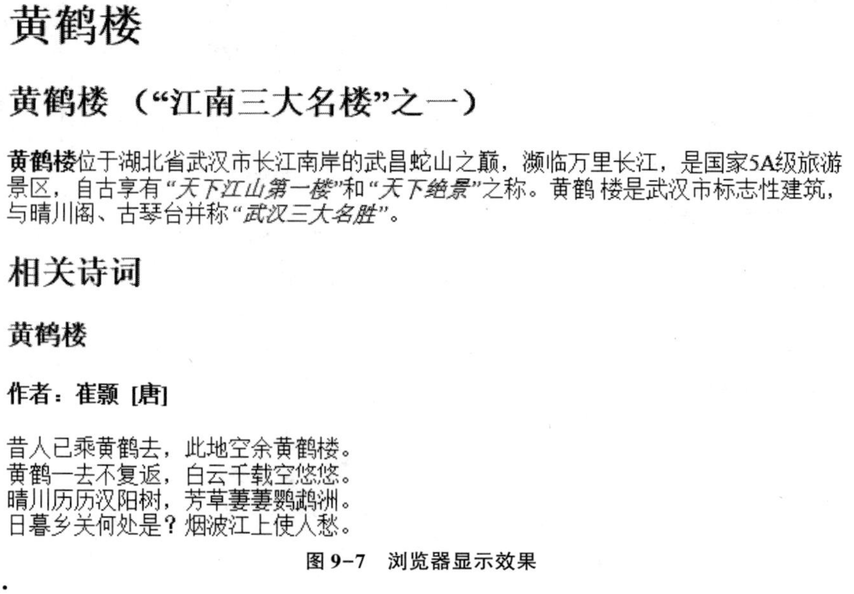

黄鹤楼

黄鹤楼（"江南三大名楼"之一）

黄鹤楼位于湖北省武汉市长江南岸的武昌蛇山之巅，濒临万里长江，是国家5A级旅游景区，自古享有*"天下江山第一楼"*和*"天下绝景"*之称。黄鹤楼是武汉市标志性建筑，与晴川阁、古琴台并称*"武汉三大名胜"*。

相关诗词

黄鹤楼

作者：崔颢 [唐]

昔人已乘黄鹤去，此地空余黄鹤楼。
黄鹤一去不复返，白云千载空悠悠。
晴川历历汉阳树，芳草萋萋鹦鹉洲。
日暮乡关何处是？烟波江上使人愁。

图 9-7 浏览器显示效果

分析:

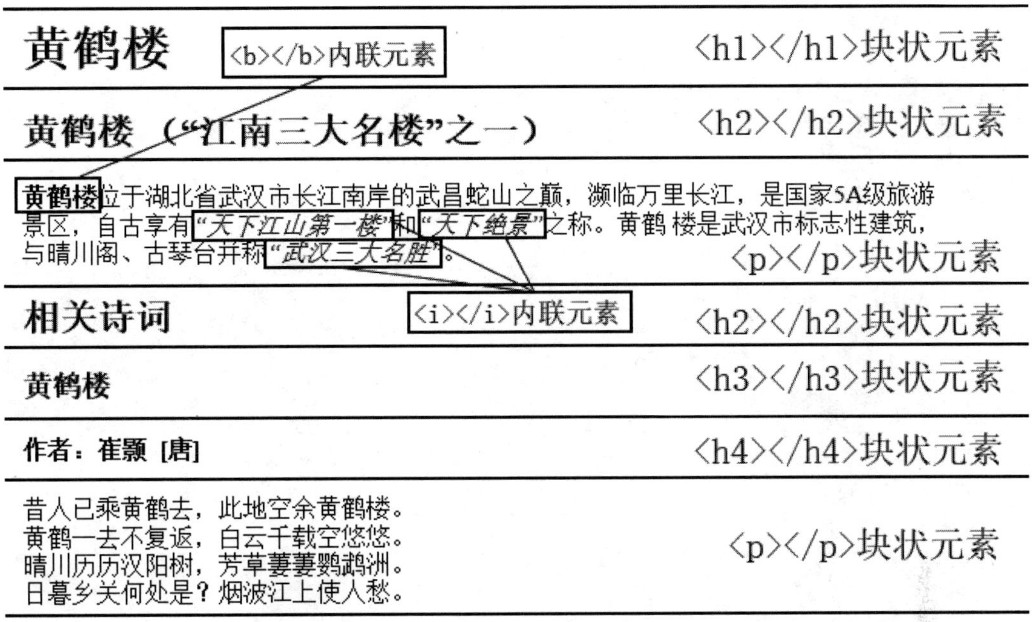

黄鹤楼 `<b></b>`内联元素	`<h1></h1>`块状元素
黄鹤楼（"江南三大名楼"之一）	`<h2></h2>`块状元素
黄鹤楼立于湖北省武汉市长江南岸的武昌蛇山之巅，濒临万里长江，是国家5A级旅游景区，自古享有"天下江山第一楼"和"天下绝景"之称。黄鹤楼是武汉市标志性建筑，与晴川阁、古琴台并称"武汉三大名胜"。	`<p></p>`块状元素
相关诗词　　`<i></i>`内联元素	`<h2></h2>`块状元素
黄鹤楼	`<h3></h3>`块状元素
作者：崔颢 [唐]	`<h4></h4>`块状元素
昔人已乘黄鹤去，此地空余黄鹤楼。 黄鹤一去不复返，白云千载空悠悠。 晴川历历汉阳树，芳草萋萋鹦鹉洲。 日暮乡关何处是？烟波江上使人愁。	`<p></p>`块状元素

图 9-8　浏览器显示效果

我们可以使用浮动和层定位让元素脱离文档流，然后将网页元素放在我们想要的位置上。

9.4　浮动

块状元素总是独占一行，如果现在我们想让两个块状元素并排显示，该怎么办呢？不要着急，设置元素浮动就可以实现这一效果。

元素在默认情况下是不能浮动的，但可以用 CSS 进行设置，如 div、p、table、img 等元素都可以被设置为浮动。

9.4.1　设置浮动

我们可以使用 float 属性给元素设置浮动，float 的值可以是左浮动（left），也可以是右浮动(right)。设置浮动之后,元素就会脱离正常的文档流,像云一样浮出来。

实例:

HTML 代码:

```
<div id="div1"></div>
<div id="div2"></div>
```

CSS 代码:

```
div{
    width:200px;
    height:200px;
    border:2px red solid;
    float:left;
}
```

浏览器效果:

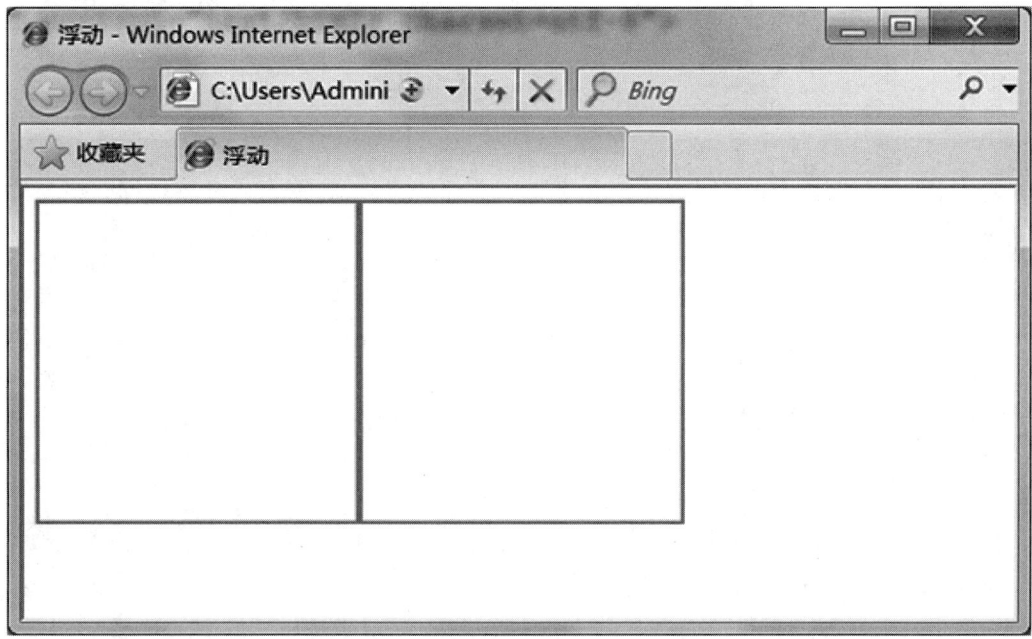

图 9-9　左浮动效果

当然如果你同时设置两个元素右浮动,也可以实现一行显示。

实例：

```
div{
  width:200px;
  height:200px;
  border:2px red solid;
  float:right;
}
```

浏览器效果：

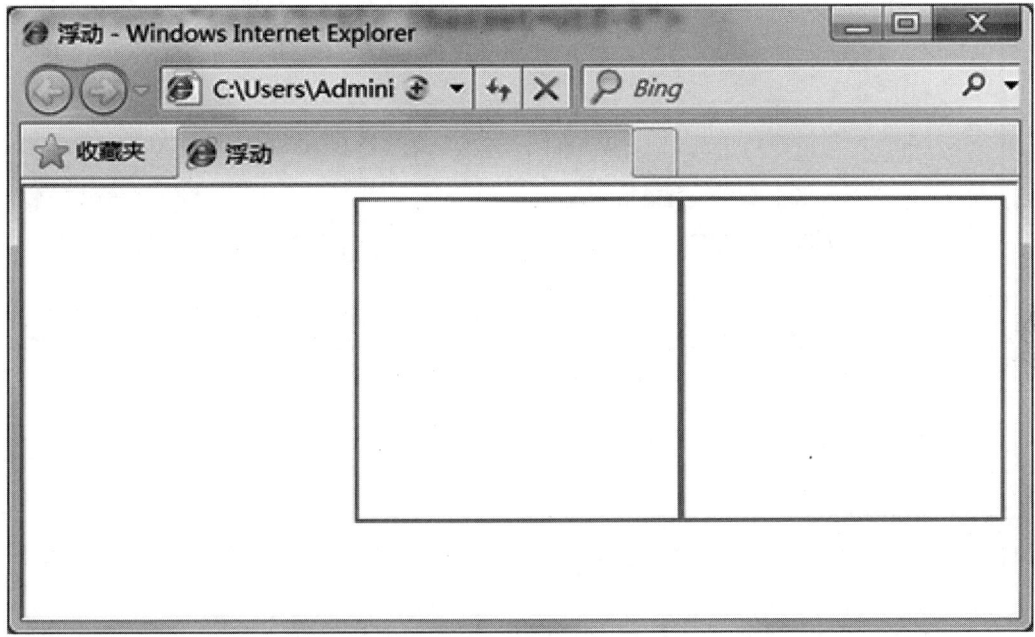

图 9-10　右浮动效果

或者一个设置为左浮动，另一个设置为右浮动。

实例：

```
div{
  width:200px;
  height:200px;
  border:2px red solid;
}
#div1{float:left;}
#div2{float:right;}
```

浏览器效果：

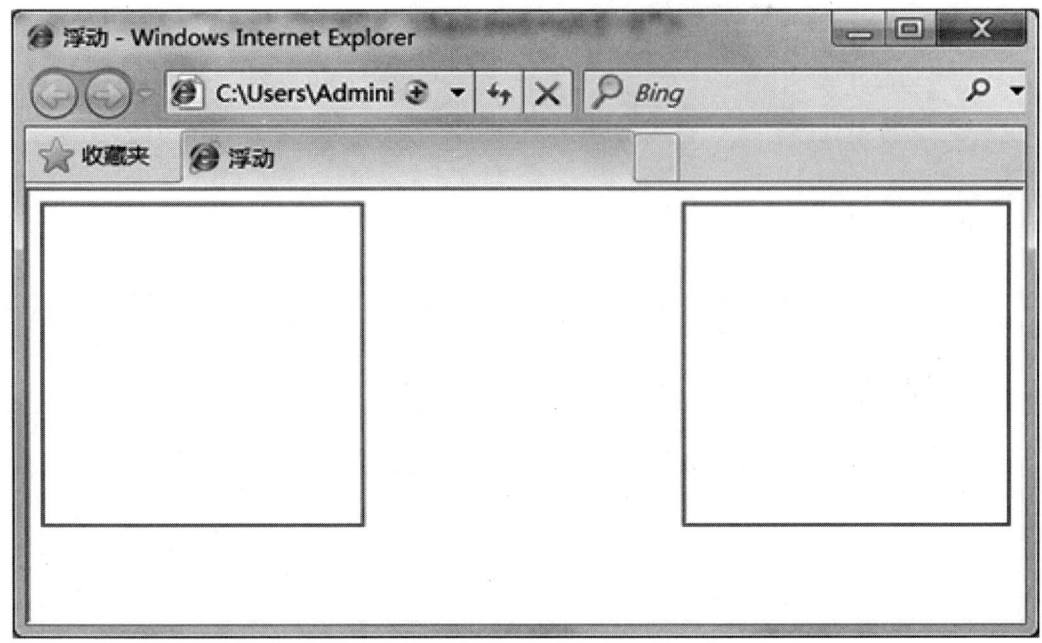

图 9-11 左浮动和右浮动

9.4.2 清除浮动

设置元素浮动会产生一个问题，如果它的父级元素的高度本身是由子元素的高度支撑的，那么子元素设置浮动脱离文档流之后，会造成父级元素的高度变成 0，我们称之为高度塌陷。

为了解决这个问题，我们需要清除浮动。清除浮动的方法一共有以下五种：

1. 使用 overflow 属性来清除浮动

```
.ovh {
    overflow: hidden;
}
```

先找到浮动盒子的父元素，然后在父元素中添加属性 overflow：hidden，就能清除这个父元素中的子元素浮动对页面的影响。

> **注意:**
> 　　一般情况下不会使用这种方式,因为 overflow:hidden 规定内容离开了这个元素所在的区域以后会被隐藏(overflow:hidden 会将超出的部分隐藏起来)。

2.使用额外标签法

```
.clear {
    clear: both;
}
```

在浮动的盒子之下再放一个标签,在这个标签中使用 clear:both 来清除浮动对页面的影响。

(1)内部标签:会将这个浮动盒子的父盒子的高度重新撑开。

(2)外部标签:会将这个浮动盒子的影响清除,但是不会撑开父盒子。

> **注意:**
> 　　一般情况下不会使用这种方式来清除浮动。因为这种清除浮动的方式会增加页面的标签,造成结构的混乱.

3.使用伪元素来清除浮动

```
.clearfix:after {
    content: "";/*设置内容为空*/
    height: 0;/*高度为0*/
    line-height:0;/*行高为0*/
    display: block;/*将文本转为块级元素*/
    visibility: hidden;/*将元素隐藏*/
    clear: both;/*清除浮动*/
}
.clearfix {
    zoom: 1;/*为了兼容IE*/
}
```

4.使用双伪元素来清除浮动

```
.clearfix:before, .clearfix:after {
    content: "";
    display: block;
    clear: both;
}
.clearfix {
    zoom: 1;
}
```

5.在前面方法的基础上,将元素类型转换为 table

```css
.clearfix:after, .clearfix:before {
    content:"";
    display:table;
}
.clearfix:after {
    clear: both;
}
.clearfix {
    zoom: 1;
}
```

> **总结：**
> 　　我们现在一般使用第五种方法。在设置了浮动的盒子的父级元素里添加一个类名 clearfix,然后把第五种方法里的代码写在 CSS 里即可。这是目前大家比较通用的一种做法。

9.5 层定位

除了浮动,我们也可以通过定位的方式来让元素脱离文档流。层定位就像 Photoshop 里的图层一样,把不同的块看成一个图层,通过定位控制图层的位置。

9.5.1 四种定位类型

使用 position 属性,我们可以为元素设置四种不同类型的定位。

1.static(静态定位)

它是 html 元素默认的定位方式,即我们不设定元素的 position 属性时默认的 position 值就是 static,对象遵循正常的文档流,占用文档空间,在该定位方式下,top、right、bottom、left、z-index 等属性是无效的。

2.relative(相对定位)

relative 即相对定位,从字面上来解析,我们可以看出该属性的主要特性:相对。但是它的相对又是相对于什么地方而言的呢?

(1)未设置定位时

HTML 代码:

```
<div class="div father">
  <div class="div child1"> </div>
  <div class="div child2"> </div>
</div>
```

CSS 代码:

```
.div{border:1px solid #000;}
.father{width:600px;}
.child1{width:300px;height:200px;background:#FF9;}
.child2{width:300px;height:200px;background:#FCF;}
```

浏览器显示效果:

图 9-12　未设置定位效果

(2)对 child1 设置相对定位

```
.child1 {
    width: 300px;
    height: 200px;
    background: #FF9;
    position: relative;
    top: 20px;
    left: 50px;
}
```

浏览器显示效果：

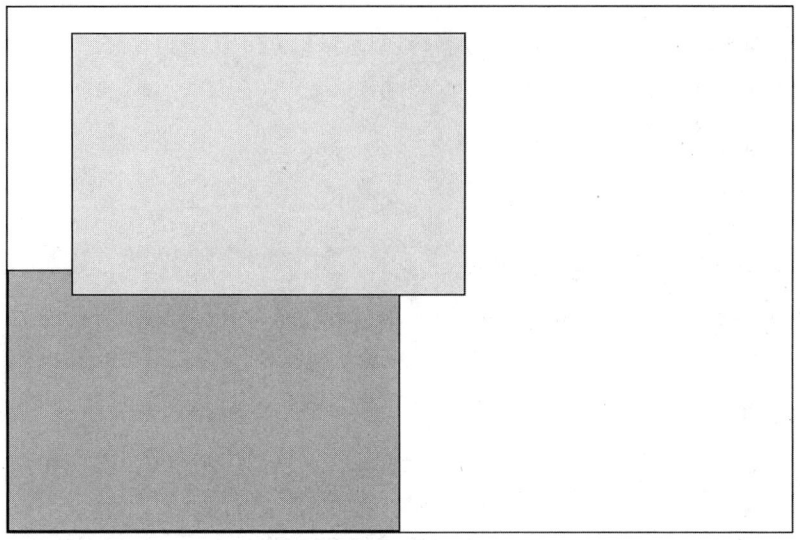

图 9-13　相对定位 1

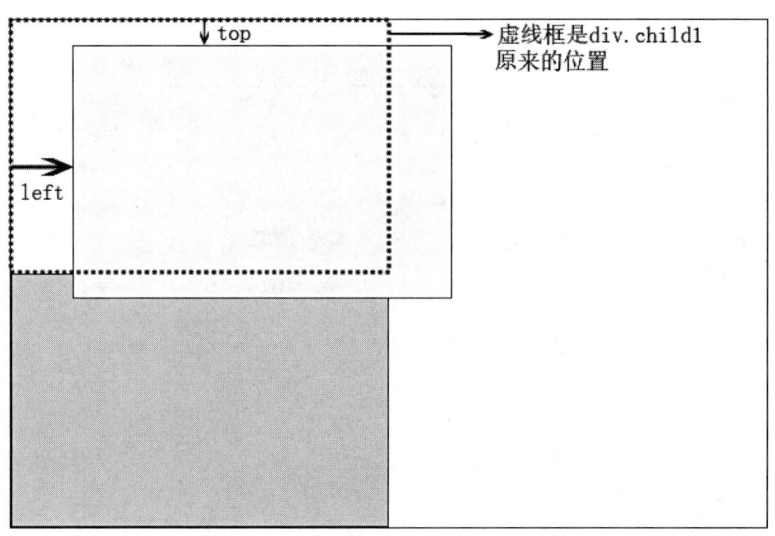

图 9-14　相对定位 2

比较图 9-13、9-14 我们发现，设置 top 值和 left 值会使 child1 进行移动。所以大家一定要记得，相对定位是相对它原本在文档流中的位置而进行偏移的。

相对定位的元素还占有文档空间，而且占据的文档空间不会随 top/right/left/bottom 等属性的偏移而发生变动，也就是说它后面的元素是依据它原来位置（top/left/right/bottom 等属性生效之前）进行的定位。

如果我们对 child1 设置 margin 值呢？

```
.child1 {
    width: 300px;
    height: 200px;
    background: #FF9;
    position: relative;
    top: 20px;
    left: 50px;
    margin: 40px;
}
```

浏览器显示效果：

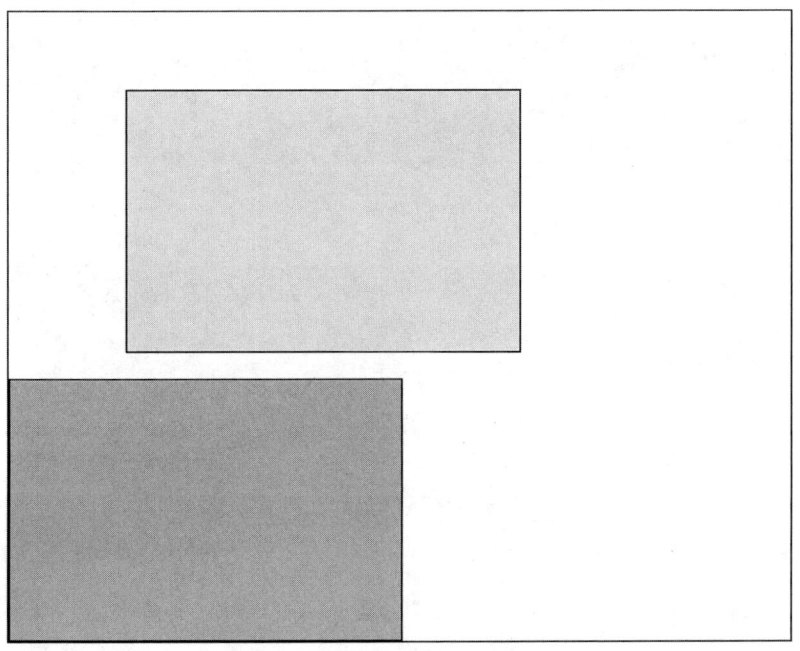

图 9-15 为相对定位元素设置 margin 值

从效果图可以看出，margin 值是有效的，会占据空间。

> **注意：**
> 相对定位实际上被看作是普通流定位模型的一部分，因为元素的位置偏移相对的是它在普通流中的位置。

3.absolute（绝对定位）

absolute 即绝对定位。

使用绝对定位以后,对象会脱离文档流,然后向上查找一个最近的使用非 static 方式定位的祖先类元素(父类及父类以上),相对这个祖先类元素进行偏移。举个例子,某个元素使用了 absolute 定位,它会从父类开始找起,寻找以非 static 方式定位的祖先类元素(注意,一定要是直系祖先才算),直到<html>标签为止。这里还需要注意的是,relative 和 static 方式在最外层时是以<body>标签为定位原点的,而 absolute 方式在无父级非 static 定位时是以<html>作为原点定位的。<html>和<body>元素相差 8px 左右(在没有初始化的情况下)。

(1)未设置定位时

HTML 代码:

```
<div class="div father">
  <div class="div child1"> </div>
  <div class="div child2"> </div>
</div>
```

CSS 代码:

```
.div{border:1px solid #000;}
.father{width:600px;}
.child1{width:300px;height:200px;background:#FF9;}
.child2{width:300px;height:200px;background:#FCF;}
```

浏览器显示效果:

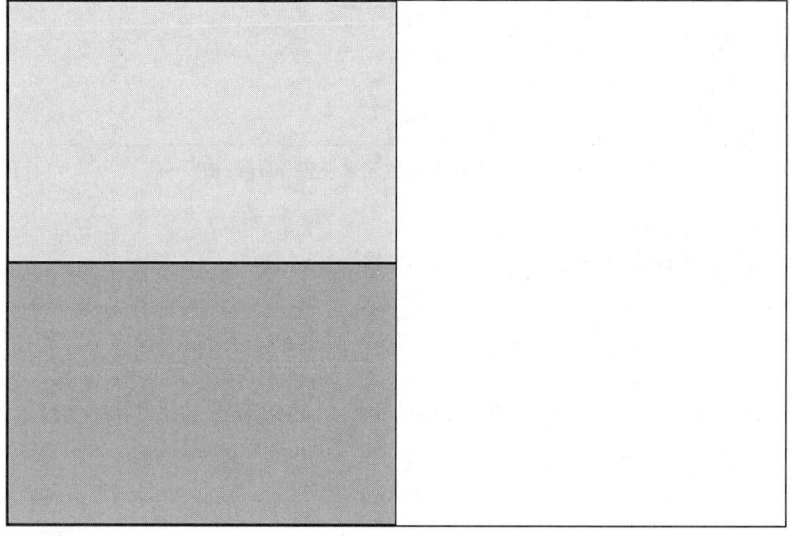

图 9-16　未设置定位

（2）对 child1 设置绝对定位

```
.child1 {
    width: 300px;
    height: 200px;
    background: #FF9;
    position: absolute;
    top: 0;
    left: 0;
}
```

浏览器显示效果：

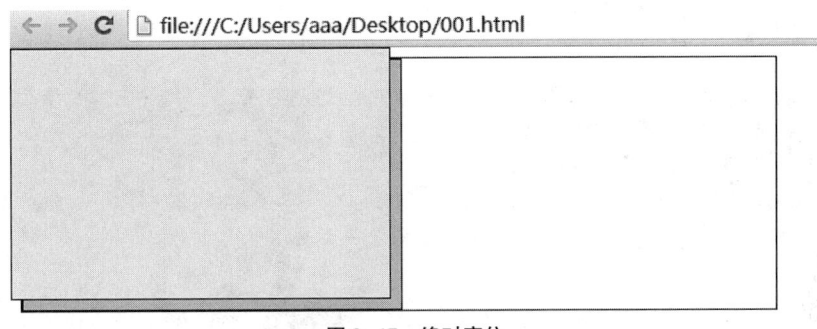

图 9-17　绝对定位

通过效果图对比我们可以发现，child1 脱离了文档流，相对 html 进行了定位。

注意：

1.使用 absolute 或 fixed 定位的话，必须指定 left、right、top、bottom 属性中的至少一个，否则 top 和 left 的值是未设置绝对定位时的值（不是 0），也就是说对象仍在原来的位置。

2.如果同时设置了 left、right、top、bottom 属性，那么：

（1）如果 top 和 bottom 一同存在的话，只有 top 生效。

（2）如果 left 和 right 一同存在的话，只有 left 生效。

3.将绝对（absolute）定位对象放置在可视区域之外，会导致滚动条的出现。而将相对（relative）定位对象放置在可视区域之外，滚动条不会出现。

4.fixed（固定定位）

元素框的表现类似于将 position 设置为 absolute，不过其包含块是视窗本身，常见于页面中的小广告，不论怎样滑动页面，小广告都处于视窗的固定位置。

9.5.2 z-index 属性

z-index 默认使用层定位的元素，按照其在 HTML 里的前后顺序，在浏览器里依次进行渲染，即 HTML 里最前面的层，在浏览器里显示在最里面；HTML 里最后面的层，在浏览器里显示在最外面。

我们可以使用 z-index 来改变层叠关系。

1.未设置 z-index 时

HTML 代码：

```
<div class="div father">
    <div class="div child1"> </div>
    <div class="div child2"> </div>
</div>
```

CSS 代码：

```
.div {
    border: 1px solid #000;
}
.father {
    width: 600px;
    margin: 20px;
    padding: 20px;
}
.child1 {
    width: 300px;
    height: 200px;
    background: #FF9;
    position: relative;
    top: 20px;
    left: 50px;
}
.child2 {
    width: 300px;
    height: 200px;
    background: #FCF;
    position: relative;
    top: -80px;
    left: 60px;
}
```

浏览器显示效果：

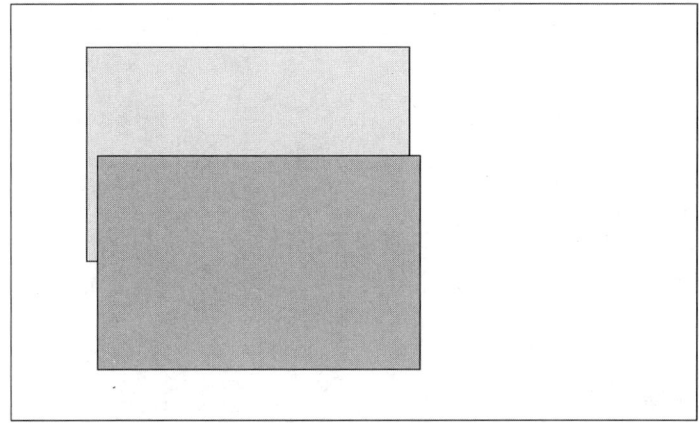

图 9-18

2.为 child1 设置 z-index

```
.child1 {
    width: 300px;
    height: 200px;
    background: #FF9;
    position: relative;
    top: 20px;
    left: 50px;
    z-index: 1;
}
```

浏览器显示效果：

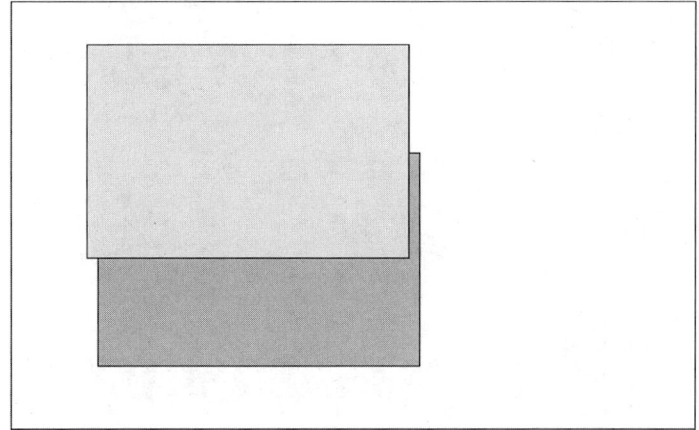

图 9-19

默认 z-index 的值是 0，数值越大，越在上面。

9.6 综合案例——浮动模型布局

网页效果图见图 9-20。

图 9-20 浮动模型布局网页效果

9.6.1 HTML 代码

```html
<!DOCTYPE html>
<html>
<head>
<meta charset="utf-8"/>
<title>德艺网&mdash;湖北地区专业的艺考咨询网站</title>
<link href="css/main.css" rel="stylesheet" type="text/css">
<script type="text/javascript" src="js/setHomeSetFav.js"></script>
</head>
<body>
<div class="top">
  <div class="top_content">
    <ul class="clearfix">
      <li><a href="lianxi.html">联系我们</a></li>
      <li><a onclick="AddFavorite(window.location,document.title)" href="javascript:void(0)">加入收藏</a></li>
      <li><a onclick="SetHome(window.location)" href="javascript:void(0)">设为首页</a></li>
    </ul>
  </div>
</div>
<!--页面顶端top结束-->
<div class="wrap">
  <div class="logo clearfix">
    <div class="logo_left"><img src="images/logo.png" /></div>
    <div class="logo_mid">德艺网——专业艺考咨询网站</div>
    <div class="logo_right">
      <ul>
        <li>武汉德艺培训学校</li>
        <li>咨询电话：027-88888888  凌老师</li>
        <li>027-66666666  肖老师</li>
        <li>地址：武汉市东湖高新区光谷天地</li>
      </ul>
    </div>
  </div>
  <!--logo结束-->
  <div class="nav">
    <ul class="clearfix">
      <li><a href="index.html">首  页</a></li>
      <li><a href="jianjie.html">德艺简介</a></li>
      <li><a href="tese.html">特色专业</a></li>
      <li><a href="kecheng.html">精品课程</a></li>
      <li><a href="zixun.html">艺考咨询</a></li>
      <li><a href="lianxi.html">联系我们</a></li>
    </ul>
  </div>
  <!--nav结束-->
```

```html
    <div class="photo"> <a href="lianxi.html"><img src="images/photo1.jpg" alt="暑期集训开始报名啦"/></a> </div>
    <!--photo结束-->
    <div class="main1 clearfix">
      <div class="introduction">
        <div class="title">
          <h2 class="title_left">德艺简介</h2>
        </div>
        <!--title结束-->
        <div class="introduction_content"> <img src="images/introduction0.jpg" alt="武汉德艺培训学校" width="195" height="126" />
          <h2>武汉德艺培训学校<br/>
            <span>不一样的艺考教育根据地</span></h2>
          <p>德艺,首先在德。德,师德也。德艺与其说是一家培训机构,不如说是一个以教学为己任的教师群体。德艺在成立之初就有了长远的规划,立志做一个链接优质师资和生源的桥梁,因为,我们自始至终都严格要求自己、谨慎选择教师,对行业内的一切猫腻说不,对一切虚假、忽悠零容忍。令我们非常自豪的地方在于:在德艺,事情变得非常简单——教师乐于教,学生勤于学。</p>
          <p>德艺,其次在艺。艺,技艺也。经过多年的摸索,德艺"这名教师"从很多人——他们中间有艺考面试评委、艺考命题专家、艺考阅卷专家、业内导演、演员、主持人、大学教师、资深媒体人等——身上汲取营养,形成了自己独特的"传艺"方法。在德艺的培养体系中,我们拒绝传统的应考套路,学生在掌握专业知识的同时,一能接收来自艺考评委的最鲜活的考试经验,二能充分释放自己的个性,完成从"迫于学"到"志于学"的转变。</p>
          <p> </p>
          <h1>学校简介</h1>
          <p>武汉德艺培训学校秉承"专业为本、升学为先"的教学理念,<span class="red">常年优秀教师全程授课</span>,小班教学,为考生量身定制专业的学习课程。</p>
          <p> </p>
          <h1>特色培训</h1>
          <h3>(1)名师全程授课</h3>
          <p>本学校教师均来自各大高校专业教师,教师教学经验丰富。</p>
          <h3>(2)量身设计考学方案</h3>
          <p>根据学员自身条件、专业水平、文化课成绩、生源所在地、报考院校意向等进行综合评测,依据评测结果量身为学员设计考学计划(专业选择、学习规划、报考意向等方案)。</p>
          <h3>(3)课程安排务实高效</h3>
          <p>由专业权威独立开发教学大纲和教学计划实现学员高效的专业学习,摒弃传统大型培训机构华而不实的弊端,贴近学生的学习实际需求,根据学员特点安排课程。</p>
          <h3>(4)高校资源深广</h3>
          <p>与国内各主要艺考院校和综合院校有着良好的合作关系,可为考生迅速及时提供考试信息,有着完美的备考服务交流、咨询服务系统。</p>
          <p></p>
          <p></p>
        </div>
      </div>
      <!--introduction结束-->
      <div class="zixun">
        <div class="title">
          <h2 class="title_left">艺考咨询</h2>
```

```html
        <span class="title_right"><a href="zixun.html">More&gt;&gt;</a></span> </div>
        <!--title结束-->
        <div class="zixun_list">
          <ul>
            <li><a href="zixun.html">如何成为一名传媒艺考学生？</a></li>
            <li><a href="zixun.html">我以前从来没有学习过这些专业，是零基础，能不能参加传媒高考？</a></li>
            <li><a href="zixun.html">我们没有艺术特长可以学习传媒吗？</a></li>
            <li><a href="zixun.html">什么是艺术专业合格证？</a></li>
            <li><a href="zixun.html">学传媒需要多少文化分才能进入大学啊？</a></li>
            <li><a href="zixun.html">学传媒能不能报考多个专业？</a></li>
          </ul>
        </div>
        <div class="title">
          <h2 class="title_left">就业前景</h2>
        </div>
        <!--title结束-->
        <div class="introduction_content">
          <p>编导：该专业的毕业生主要从事电视新闻节目、纪录片、电视专题节目编导、编辑、采访和制作、电视频道和栏目策划以及节目主持方面的工作。</p>
          <p>播音主持：播音主持专业已经不再是人们原来想象中那么遥不可及，毕业后的就业单位也不再仅仅局限于电台电视台，随着网络技术的发展，网络电视、车载移动电视等新兴媒体需要大量的传媒类人才来填充，这给我们这个专业一个很好的发展前景，而现阶段这方面的人才又极为匮乏。</p>
          <p>表演：近年来迅猛发展的文化产业，电影、电视剧、广告等事业为影视表演专业的人才提供了各种各样的岗位，使影视表演人才在选择岗位时有了较大的选择空间，就业前景非常广阔。就业方向：全国各电视台、电视剧制作中心、各影视制作公司、剧组、文艺表演团体、教研单位、各单位党政共团、文化传播公司从事表演、管理、策划、组织等工作。与其它普通专业相比，就业起点较高，收入丰厚。</p>
        </div>
      </div>
      <!--zixun结束-->
    </div>
    <!--main1结束-->

    <div class="main clearfix">
      <div class="news">
        <div class="title">
          <h2 class="title_left">特色专业</h2>
          <span class="title_right"><a href="tese.html">More&gt;&gt;</a></span> </div>
        <!--title结束-->
        <div class="pic_news"> <img src="images/tese.jpg" alt="武汉德艺培训学校" />
          <h2><a href="news.html">特色专业</a></h2>
          <p>本培训学校特开设有编导专业、播音主持专业、戏剧影视文学、文化产业管理、导演专业、摄影专业、影视表演专业等专业培训课程。</p>
        </div>
        <!--pic_news结束-->
```

```html
        </div>
        <!--news结束-->
        <div class="products">
            <div class="title">
                <h2 class="title_left">精品课程</h2>
                <span class="title_right"><a href="kecheng.html">More&gt;&gt;</a></span> </div>
            <!--title结束-->
            <div class="product_list"><img src="images/kecheng.jpg" alt="武汉德艺培训学校" />
                <h2><a href="kecheng.html">精品课程</a></h2>
                <p> 开设有视听语言、语音训练、编讲故事、形体训练、即兴评述、文艺常识、影评写作、语言表达等公共基础课程，并针对不同专业开设不同的专业课程。
                </p>
            </div>
            <!--product_list结束-->
        </div>
        <!--products结束-->
        <div class="sidebar">
            <div class="title">
                <h2 class="title_left">文献资料</h2>
                <span class="title_right"><a href="biandao2016.html">More&gt;&gt;</a></span> </div>
            <!--title结束-->
            <div class="ziliao">
                <ul>
                    <li><a href="biandao2016.html" target="_blank">2016年湖北省戏剧与影视学类（广播电视编导专业）考试大纲</a></li>
                    <li><a href="boyin2016.html" target="_blank">2016年湖北省戏剧与影视学类（播音与主持艺术专业）考试大纲</a></li>
                    <li><a href="kskm2015.html" target="_blank">2015年音乐学类舞蹈学类和戏剧与影视学类全省统一考试科目和分值</a></li>
                    <li><a href="baoming2015.html" target="_blank">2015年湖北省戏剧与影视学类统考（播音与主持艺术专业）报考须知</a></li>
                    <li><a href="tongkaoanpai2015.html" target="_blank">2015年湖北省艺术类统考安排</a></li>
                    <li><a href="xuexiao.html" target="_blank">可选学校资料</a></li>
                </ul>
            </div>
        </div>
        <!--sidebar结束-->
    </div>
    <!--main结束-->
    <div class="main2 clearfix">
        <div class="title">
            <h2 class="title_left">学员风采</h2>
        </div>
        <div class="xueyuan">
            <ul>
                <li><img src="images/xy1.jpg"></li>
                <li><img src="images/xy2.jpg"></li>
                <li><img src="images/xy3.jpg"></li>
                <li><img src="images/xy4.jpg"></li>
```

```html
            <li><img src="images/xy5.jpg"></li>
            <li><img src="images/xy6.jpg"></li>
            <li><img src="images/xy7.jpg"></li>
            <li><img src="images/xy8.jpg"></li>
            <li><img src="images/xy9.jpg"></li>
         </ul>
      </div>
   </div>
</div>
<!--最外层wrap结束    -->
<div class="copyright">
   <div class="copyright_content"> 武汉德艺培训学校  版权所有2016<br/>
       地址：湖北省武汉市东湖高新光谷天地   邮编：430000<br/>
       联系电话：027-88888888凌老师   027-66666666肖老师
       <br/>
   </div>
   <!--copyright_content结束-->
</div>
</body>
</html>
```

9.6.2 CSS 代码

```css
@charset "utf-8";
/* CSS Document */
* {
    padding: 0;
    margin: 0;
    font-size: 12px;
    border: none;
}
.clearfix:after, .clearfix:before {
    content: "";
    display: table;
}
.clearfix:after {
    clear: both;
}
.clearfix {
    zoom: 1;
}
body {
    background-color: #F5F5F5;
}
.wrap {
    width: 1000px;
    margin: 0 auto;
}
```

```css
.top {
    width: 100%;
    height: 27px;
    background: url(../images/top_bg.jpg) repeat-x;
}
.top_content {
    width: 1000px;
    margin: 0 auto;
    line-height: 27px;
}
.top_content li {
    float: right;
    list-style-image: url(../images/arrow.jpg);
    width: 70px;
}
.top_content a:link, .top_content a:visited {
    color: #8E8E8E;
    text-decoration: none;
}
.top_content a:hover, .top_content a:active {
    color: #f7782b;
    text-decoration: none;
}
.logo {
    height: 80px;
    background-color: #FFF;
}
.logo_left {
    width: 100px;
    float: left;
    display: inline;
}
.logo_mid {
    width: 550px;
    float: left;
    font-family: "Microsoft Yahei";
    color: #5f5f5f;
    font-size: 40px;
    font-weight: bold;
    margin-top: 30px;
}
.logo_right {
    width: 230px;
    height: 28px;
    margin-top: 14px;
    float: right;
    display: inline;
    color: #8E8E8E;
}
.logo_right li {
    font-size: 14px;
    list-style-type: none;
    text-align: right;
    margin-right: 12px;
```

```css
}
.nav {
    clear: both;
    height: 40px;
    background: url(../images/nav_bg.jpg) repeat-x;
    border-radius: 5px;
    overflow: hidden;
}
.nav li {
    float: left;
    list-style-type: none;
    line-height: 40px;
    width: 120px;
    font-family: "Microsoft Yahei";
    font-weight: bold;
    text-align: center;
}
.nav a:link, .nav a:visited {
    font-size: 16px;
    color: #FFF;
    text-decoration: none;
}
.nav a:hover, .nav a:active {
    font-size: 16px;
    color: #FF0;
    text-decoration: none;
}
.photo {
    clear: both;
    height: 320px;
    margin-top: 5px;
}
.main1 {
    margin-top: 5px;
    background-color: #fff;
}
.introduction {
    width: 651px;
    border: 1px solid #E8E8E8;
    float: left;
    margin: 5px auto;
}
.introduction_content {
    padding: 10px 10px;
}
.introduction_content img {
    float: left;
    padding-top: 10px;
    margin: 10px;
}
.introduction_content h2 {
    font-family: "Simhei";
    font-size: 30px;
    text-align: center;
```

```css
}
.introduction_content span {
    font-family: "Simhei";
    font-size: 20px;
    text-align: center;
}
.introduction_content p {
    font-size: 14px;
    text-indent: 2em;
    line-height: 1.5em;
    color: black;
    font-family: "宋体";
    font-weight: normal;
}
.introduction_content h1 {
    font-family: "Simhei";
    font-size: 20px;
}
.introduction_content h3 {
    font-family: "Simhei";
    font-size: 14px;
}
.zixun {
    width: 340px;
    margin-left: 7px;
    border: 1px solid #E8E8E8;
    float: left;
    margin: 5px auto;
}
.zixun_list li, .ziliao li {
    background: url(../images/list.jpg) no-repeat;
    list-style-type: none;
    padding-left: 10px;
    margin: 8px;
    width: 320px;
    border-bottom: 1px dotted #CCC;
    height: 22px;
    line-height: 22px;
    font-size: 14px;
    overflow: hidden;
}
.zixun_list a:link,.zixun_list a:visited,.ziliao a:link,.ziliao a:visited {
    text-decoration: none;
    color: #000;
}
.zixun_list a:hover,.zixun_list a:active,.ziliao a:hover,.ziliao a:active {
    color: #F00;
    text-decoration: none;
}
.main {
    height: 250px;
    margin-top: 5px;
```

```css
        background-color: #FFF;
}
.news {
    width: 340px;
}
.products {
    width: 300px;
    margin: 0 7px;
}
.sidebar {
    width: 340px;
    float: left;
    display: inline;
    height: 250px;
    border: 1px solid #E8E8E8;
}
.news, .products {
    float: left;
    display: inline;
    height: 250px;
    border: 1px solid #E8E8E8;
}
.title {
    height: 35px;
    border-bottom: 2px solid #f7782b;
    font-size: 14px;
    font-family: "Microsoft Yahei";
    line-height: 35px;
    font-weight: bold;
    color: #786F66;
}
.title_left {
    font-size: 16px;
    width: 70%;
    float: left;
    padding-left: 20px;
}
.title_right {
    width: 20%;
    float: right;
    text-align: right;
}
.title_right a {
    color: #999;
    text-decoration: none;
    font-family: "宋体";
    font-size: 10px;
    font-weight: normal;
    padding-right: 10px;
}
.pic_news {
    height: 80px;
    margin-top: 10px;
    line-height: 22px;
```

```css
}
.pic_news img, .product_list img {
    float: left;
    margin: 0 5px;
}
.pic_news a, .product_list a {
    color: #C00;
    text-decoration: none;
}
.red {
    color: #C00;
    font-weight: bold;
    font-size: 14px;
}
.product_list {
    height: 120px;
    margin-top: 10px;
    line-height: 22px;
}
.copyright {
    width: 100%;
    height: 160px;
    background-color: #E8e8E8;
    margin-top: 10px;
}
.copyright_content {
    width: 1000px;
    height: 140px;
    margin: 0 auto;
    padding-top: 20px;
    text-align: center;
    font-size: 18px;
    font-family: "微软雅黑";
    line-height: 30px;
    color: #999;
}
.main2 {
    width: 1000px;
    margin: 0 auto;
    padding-top: 20px;
    background-color: #fff;
}
.xueyuan li {
    list-style-type: none;
    float: left;
}
.xueyuan img {
    float: left;
    margin-right: 11px;
    margin-top: 10px;
    padding-bottom: 20px;
}
```

9.6.3 总结

在划分网页结构的时候,先按照从上到下的顺序把页面分成几行,然后再按照从左到右的顺序进行划分。一定不要一看到效果图,马上就写代码,必须先对整个页面进行结构划分。初学者如果对结构划分不熟练,可以先在纸上自己画一下格子,把结构划分做到胸有成竹后,再开始写代码。

9.7 综合案例——层定位模型布局

网页效果图:

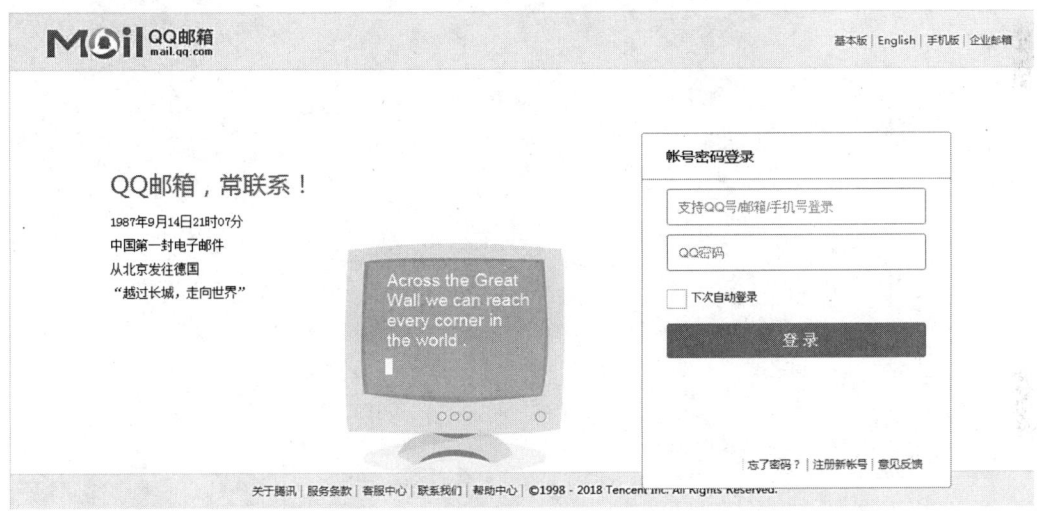

图 9-21

要求:浏览器缩窄时,表单部分要放在最上面,页脚永远紧贴浏览器视口最下端。

9.7.1 分析

网页整体结构可以分为上、中、下三个部分,上面部分可以使用层定位或者浮动制作,本案例代码中使用了浮动。中间和下面两个部分,因为有层叠关系,所以只能使用层定位。我们可以看到,中间部分的内容是在浏览器中居中的,所以我们给父级盒子设定相对定位,给子盒子设定绝对定位,来实现内容居中的效果。下面部分既可以使用绝对定位,也可以使用固定定位,两种方法大家可以都试一试。

9.7.2 HTML 代码

```html
<!doctype html>
<html>
<head>
<meta charset="utf-8">
<title>QQ邮箱登录</title>
<link href="css/main.css" rel="stylesheet" type="text/css"/>
<script>
 function pwdOnfocus(){
        var tx = document.getElementById("key_txt");
        var pwd = document.getElementById("key_pwd");
        if(tx.value=="QQ密码"){
            tx.value="";
            tx.style.display = "none";
            pwd.style.display = "block";
            pwd.value = "";
            pwd.focus();
        }
    }
    function pwdOnblur(){
        var tx = document.getElementById("key_txt");
        var pwd = document.getElementById("key_pwd");
        if(pwd.value==""){
            pwd.style.display = "none";
            tx.style.display = "block";
            tx.value = "QQ密码";
        }
    }
    function nameOnfocus(){
        var name=document.getElementById("name");
        name.style.color="#000";
        name.value="";
        }
    function nameOnblur(){
        var name=document.getElementById("name");
         if(name.value=="")
            {name.value="支持QQ号/邮箱/手机号登录";name.style.color="#aaa";}
            else if(name.value.indexOf('@')<0){name.value=name.value+"@qq.com";}
            }
</script>
</head>
<body>
<div class="header clearfix">
  <div class="logo"> <img src="img/logo.jpg"> </div>
```

```html
    <ul>
        <li><a href="#">企业邮箱</a></li>
        <li><a href="#">手机版</a></li>
        <li><a href="#">English</a></li>
        <li><a href="#">基本版</a></li>
    </ul>
</div>
<div class="main">
    <div class="text">
        <h2>QQ邮箱，常联系！</h2>
        <p> 1987年9月14日21时07分<br/>
            中国第一封电子邮件<br/>
            从北京发往德国<br/>
            "越过长城，走向世界" </p>
    </div>
    <div class="login">
        <h2>帐号密码登录</h2>
        <form method="post" action="">
            <input type="text" id="name" name="name" class="ipt" value="支持QQ号/邮箱/手机号登录" onfocus="nameOnfocus()" onBlur="nameOnblur()"/>
            <input type="text" id="key_txt" name="key" class="ipt" value="QQ密码" onfocus="pwdOnfocus()"/>
            <input type="password" id="key_pwd" name="key_pwd" class="ipt pwd" onfocus="pwdOnfocus()" onBlur="pwdOnblur()"/>
            <div class="auto">
                <input type="checkbox" id="auto" name="auto" class="auto_ipt">
                下次自动登录</div>
            <button>登录</button>
        </form>
        <ul class="clearfix">
            <li><a href="#">意见反馈</a></li>
            <li><a href="#">注册新帐号</a></li>
            <li><a href="#">忘了密码？</a></li>
        </ul>
    </div>
</div>
<div class="footer">
    <ul class="clearfix">
        <li><a href="#">关于腾讯</a></li>
        <li><a href="#">服务条款</a></li>
        <li><a href="#">客服中心</a></li>
        <li><a href="#">联系我们</a></li>
        <li><a href="#">帮助中心</a></li>
        <li>&copy;1998 - 2018 Tencent Inc. All Rights Reserved.</li>
    </ul>
</div>
</body>
</html>
```

9.7.3 CSS 代码

```css
@charset "utf-8";
/* CSS Document */
* {
    margin: 0;
    padding: 0;
    border: none;
}
.clearfix:before, .clearfix:after {
    content: "";
    display: table;
}
.clearfix:after {
    clear: both;
}
.clearfix {
    zoom: 1;
}
.header {
    width: 100%;
    height: 62px;
    background-color: #eff4fa;
    border-top: 1px solid #e2e2e2;
    border-bottom: 1px solid #e2e2e2;
}
.logo {
    float: left;
    margin-left: 40px;
    margin-top: 14px;
}
.header>ul>li {
    float: right;
    margin: 26px 0px;
    padding-left: 5px;
    padding-right: 5px;
    list-style-type: none;
    font-size: 12px;
    height: 14px;
    line-height: 14px;
    border-right: 1px solid #c2b6c4;
    border-left: 1px solid #d4f4fa;
    font-family: "Microsoft Yahei";
}
.header>ul>li:first-child {
    margin-right: 35px;
    border-right: none;
}
.header>ul>li>a:link, .header>ul>li>a:visited {
    text-decoration: none;
    color: #1d5494;
```

```css
}
.header>ul>li>a:hover, .header>ul>li>a:active {
    text-decoration: underline;
}
.main {
    width: 920px;
    background-color: red;
    position: relative;
    left: 50%;
    margin-left: -460px;
}
.text {
    width: 495px;
    height: 349px;
    position: absolute;
    top: 97px;
    left: 0px;
    background: url(../img/pc.gif) no-repeat bottom right;
}
.text>h2 {
    font-family: "Microsoft Yahei";
    font-size: 26px;
    color: #6f95c8;
    line-height: 56px;
    font-weight: normal;
}
.text>p {
    font-size: 14px;
    line-height: 26px;
}
.login {
    width: 338px;
    height: 390px;
    position: absolute;
    top: 70px;
    right: 0;
    border: 1px solid #a0b1c4;
    border-radius: 3px;
    background-color: #fff;
    z-index: 2;
}
.login>h2 {
    height: 50px;
    line-height: 50px;
    font-size: 16px;
    font-weight: normal;
    padding-left: 26px;
    font-family: "Microsoft Yahei";
    border-bottom: 1px solid #a0b1c4;
}
.ipt {
    display: block;
    width: 270px;
    height: 38px;
```

```css
    margin: 10px auto;
    border: 1px solid #96a5b4;
    border-radius: 3px;
    padding-left: 12px;
    line-height: 38px;
    font-size: 14px;
    text-align: left;
    color: #aaa;
}
.pwd {
    color: #000;
    display: none;
}
.auto {
    width: 284px;
    height: 38px;
    line-height: 38px;
    margin: 10px auto;
    font-size: 10px;
}
.auto_ipt {
    margin-right: 5px;
}
input[type="checkbox"] {
    -webkit-appearance: none;
    background: #fff url(../img/checkbox.png);
    height: 22px;
    vertical-align: middle;
    width: 22px;
}
input[type="checkbox"]:checked {
    background-position: -48px 0;
}
input[type="checkbox"]:focus, input[type="checkbox"]:hover {
    background-position: -24px 0;
    outline: none;
}
input[type="checkbox"][disabled] {
    background-position: -72px 0;
}
input[type="checkbox"][disabled]:checked {
    background-position: -96px 0;
}
.login button {
    display: block;
    width: 284px;
    height: 38px;
    margin: 10px auto;
    border-radius: 3px;
    padding-left: 12px;
    line-height: 38px;
    font-size: 18px;
    text-align: center;
    background-color: #5a98de;
```

```css
    color: #fff;
    letter-spacing: 4px; /*字间距*/
}
.login ul {
    width: 280px;
    margin-right: 26px;
    position: absolute;
    left: auto;
    right: 0px;
    bottom: 18px;
}
.login>ul>li {
    float: right;
    padding-left: 5px;
    padding-right: 5px;
    list-style-type: none;
    font-size: 12px;
    height: 14px;
    line-height: 14px;
    border-right: 1px solid #c2b6c4;
    border-left: 1px solid #d4f4fa;
    font-family: "Microsoft Yahei";
}
.login>ul>li:first-child {
    border-right: none;
}
.login>ul>li>a:link, .login>ul>li>a:visited {
    text-decoration: none;
    color: #1d5494;
}
.login>ul>li>a:hover, .login>ul>li>a:active {
    text-decoration: underline;
}
.footer {
    width: 100%;
    height: 38px;
    background-color: #eff4fa;
    border-top: 1px solid #e2e2e2;
    border-bottom: 1px solid #e2e2e2;
    position: absolute;
    bottom: 0;
}
.footer ul {
    width: 620px;
    margin: 12px auto;
}
.footer>ul>li {
    float: left;
    padding-left: 5px;
    padding-right: 5px;
    list-style-type: none;
    font-size: 12px;
    height: 14px;
    line-height: 14px;
```

```css
    border-right: 1px solid #c2b6c4;
    border-left: 1px solid #d4f4fa;
    font-family: "Microsoft Yahei";
}
.footer>ul>li:last-child {
    border-right: none;
}
.footer>ul>li>a:link, .footer>ul>li>a:visited {
    text-decoration: none;
    color: #1d5494;
}
.footer>ul>li>a:hover, .footer>ul>li>a:active {
    text-decoration: underline;
}
```

9.7.4 总结

1.本案例中 div.main 部分，使用了层定位的方式来进行页面布局。div.main 里有 div.text 和 div.login 两个子盒子。在进行页面布局的时候，我们要把握的一个原则就是可维护性。div.header、div.main 和 div.footer 三个部分要相互独立，即修改了 div.header 部分的内容不会影响 div.main 部分的定位。因此我们就要好好思考相对定位和绝对定位的特点，来决定每个部分是使用相对定位还是绝对定位。

相对定位的参考位置是自己本身原来在正常文档流里应该在的位置，绝对定位的参考位置是与自己血缘关系最近的非静态定位的祖先元素。

我们给 div.text 和 div.login 使用绝对定位，而且让它们参考的位置是它们的父级盒子 div.main 的位置，这样会使 div.text 和 div.login 的位置计算非常简单快捷，只需要知道它们和父级盒子之间的 left、top 或者 right、top 值就可以了，而且两者之间相对独立。如果给 div.text 和 div.login 使用相对定位的话，对 div.text 的影响不大，但是 div.login 的定位值就会受到 div.text 的宽度和高度的影响，使计算变得复杂而且可维护性差。

既然 div.text 和 div.login 使用绝对定位，而且它们参考的位置是它们的父级盒子 div.main 的位置，那么 div.main 就不能使用静态定位。如果我们给 div.main 使用绝对定位，那么 div.main 的位置会相对浏览器窗口进行定位，div.header 的高度改变了，div.main 的 top 值就需要改变，因此我们给 div.main 使用相对定位。

使用层定位进行页面布局的技巧：父级盒子使用相对定位，子盒子使用绝对定位。

2.怎么让相对定位的盒子水平居中呢？我们给 div.main 设定的样式为：

```
.main {
    width: 920px;
    position: relative;
    left: 50%;
    margin-left: -460px;
}
```

里面使用了 left:50%。这里的 50%指的是父级盒子的 50%，所以浏览器变宽的时候，50%的宽度也会变宽。总之首先让盒子向右进行移动，移动到父级盒子的 50%的位置，然后再使用 margin-left:-460px;让盒子向左移动本身宽度的一半距离，这样盒子在父级盒子里就会水平居中了。

margin-left 的值是自身盒子宽度的一半的负数。

3.本案例中使用了 JavaScript 对表单部分进行交互设计，大家可以先参考一下，在第 10 章《JavaScript 应用》章节会有具体的讲解。

本章小结

本章节主要讲解了网页布局的相关内容。网页布局是 Web 前端开发中非常重要也是比较难的一个部分，但是当你掌握了浮动模型布局和层定位模型布局之后，就会对自己的页面布局了然于心。当然想要达到这一步，还需要不断地练习。

第 10 章　JavaScript 应用

> **章节大纲**
>
> 1. 对象：拥有属性和方法的数据。
> 2. 事件：事件是网页文档或者浏览器中发生的特定交互的瞬间，一般用于触发函数。
> 3. 函数：由事件驱动的或者当它被调用时执行的可重复使用的代码块。

JavaScript 是一种基于对象和事件驱动的脚本语言。本章节将从对象、事件及函数三个方面来讲解 JavaScript 的具体应用方法。

10.1　对象

JavaScript 对象是拥有属性和方法的数据。在 JavaScript 中，几乎所有的事物都是对象。本小节主要从文档对象、Array 对象、Date 对象、Math 对象、String 对象几个方面，分类进行介绍。

10.1.1　文档对象

当网页被加载时，浏览器会创建页面的文档对象模型（Document Object Model）。HTML DOM 模型被构造为对象的树。

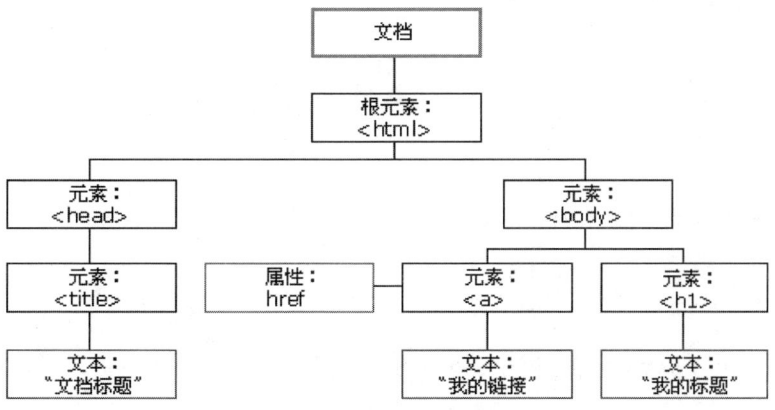

图 10-1 HTML DOM 树

通过可编程的对象模型，JavaScript 获得了足够的能力来创建动态的 HTML。JavaScript 能够改变页面中的所有 HTML 元素、HTML 属性、CSS 样式，并能对页面中的所有事件作出反应。

通常，在 JavaScript 中，我们需要操作 HTML 元素。为了做到这一点，必须首先找到该元素。

我们有三种寻找 HTML 元素的方法：

1.通过 ID 找到 HTML 元素

2.通过标签名找到 HTML 元素

3.通过 Name 找到 HTML 元素

1.通过 ID 找到 HTML 元素

语法：

```
document.getElementById("id名")
```

实例：

```
<!DOCTYPE html>
<html>
<body>
<p id="changeColor">Hello World!</p>
<script>
    var redWord=document.getElementById("changeColor");    //定义变量
    redWord.style.color='red';      //更改对象的css样式
</script>
</body>
</html>
```

浏览器显示效果：

Hello World!

图 10-2　通过 ID 更改文字颜色

2.通过标签名找到 HTML 元素

语法：

```
document.getElementsByTagName("标签")
```

实例：

```
<!DOCTYPE html>
<html>
<body>
<p>Hello World!</p>
<script>
var redWord=document.getElementsByTagName("p");//定义变量
redWord[0].style.color='red';//更改对象的css样式
</script>
</body>
</html>
```

浏览器显示效果：

Hello World!

图 10-3　通过标签名更改文字颜色

> **注意：**
> 1.通过标签找到的元素会有很多个，因为在 HTML 中同样的标签会多次使用，所以 Element 要用复数 Elements。
> 2.因为有很多数据，所以通过标签找到的元素是一个数组；
> 3.数组使用时后面要加[索引号]，索引号从 0 开始计数。

3.通过 name 找到 HTML 元素

语法：

```
document.getElementsByName("Name名")
```

通过 name 找到 HTML 元素的方法通常用在表单里。

实例：

```
<!DOCTYPE html>
<html>
<body>
爱好：
<input type="checkbox" name="love" id="reading" value="reading"/>
<label for="reading">读书</label>
<input type="checkbox" name="love" id="singing" value="singing"/>
<label for="singing">唱歌</label>
<input type="checkbox" name="love" id="drawing" value="drawing"/>
<label for="drawing">画画</label>
<input type="checkbox" name="love" id="swimming" value="swimming"/>
<label for="swimming">游泳</label>
<input type="checkbox" name="love" id="pingpang" value="pingpang"/>
<label for="pingpang">乒乓球</label>
<script>
var check=document.getElementsByName("love");//定义变量
check[1].checked='checked';//改变对象的checked属性值
</script>
</body>
</html>
```

浏览器显示效果：

爱好： □读书 ☑唱歌 □画画 □游泳 □乒乓球

图 10-4　通过 Name 操作元素

通过 name 选择和标签一样，因为是多个元素，所以 Element 要变成复数并且数据以数组的形式存储。

4.修改元素的属性

找到元素之后，我们就可以对该元素的属性进行赋值，从而改变该元素的属性。

实例：

```
var redWord=document.getElementById("changeColor");  //定义变量
redWord.style.color='red';//给属性赋值
```

这个实例里，首先给 id 名为 changeColor 的元素定义一个变量 redWord，然后通过给这个变量的属性赋值的方式将该元素的样式里的颜色变为红色。

我们也可以直接写：

```
document.getElementById("changeColor").style.color='red';
```

10.1.2 Array 数组对象

Array 是 JavaScript 的数组对象。Array 对象只有一个属性 length,它指返回数组的长度。

Array 对象的方法有:

1.join( )方法:设置分隔符,将数组元素连接成一个字符串。

2.reverse( )方法:将数组元素顺序颠倒。

3.sort( )方法:将数组元素重新排序。

10.1.3 Date 日期对象

Date 是 JavaScript 的日期对象,用于管理和操作日期和时间数据。Date 对象的方法有:

1.getDate( )方法:返回日期的"日"部分,值为 1~31。

2.getDay( )方法:返回一周中的日期数,值为 0~6,0 表示星期日。

3.getHours( )方法:返回日期的"小时"部分,值为 0~23。

4.getMinutes( )方法:返回日期的"分钟"部分,值为 0~59。

5.getMonth( )方法:返回日期的"月"部分,值为 0~11。其中 0 表示 1 月,…,11 表示 12 月。

6.getSeconds( )方法:返回日期的"秒"部分,值为 0~59。

7.getTime( )方法:返回系统时间。

8.getTimezoneOffset( )方法:返回此地区的时差(当地时间与 GMT 格林尼治标准时间的地区时差),单位为分钟。

9.getYear( )方法:返回日期的"年"部分。对于介于 1900 与 1999 之间的年份,仅返回两位数字,对于 1900 之前或 1999 之后的年份则返回 4 位数字。

10.parse( )方法:返回从 1970 年 1 月 1 日零时整算起,毫秒数(当地时间)。

11.setDate( )方法:设定日期的"日"部分,值为 0~31。

12.setHours( )方法:设定日期的"小时"部分,值为 0~23。

13.setMinutes( )方法:设定日期的"分钟"部分,值为 0~59。

14.setMonth( )方法:设定日期的"月"部分,值为 0~11。

15.setSeconds( )方法:设定日期的"秒"部分,值为 0~59。

16.setTime( )方法:设定时间。时间数值为从 1970 年 1 月 1 日零时整算起,到要设置的时间的毫秒数。

17.setYear( )方法:设定日期的"年"部分。

18.toGMTString( )方法:根据 GMT 格林尼治标准时间转换日期成为字符串。

19.UTC( )方法:返回从 1970 年 1 月 1 日零时整算起,到所提供日期的毫秒数(GMT)。

10.1.4 Math 对象

Math 对象的属性有:

1.Math.E(e 自然对数)

2.Math.LN2(2 的自然对数)

3.Math.LN10(10 的自然对数)

4.Math.LOG2E(e 的对数,底数为 2)

5.Math.LOG10E(e 的对数,底数为 10)

6.Math.PI(π 圆周率)

7.Math.SQRT1_2(1/2 的平方根值)

8.Math.SQRT2(2 的平方根值)。

Math 对象的方法有 18 个:

1.abs( )方法:Math.abs(以下同),返回一个数字的绝对值。

2.acos( )方法:返回一个数字的反余弦值,结果为 0~π 弧度(radians)。

3.asin( )方法:返回一个数字的反正弦值,结果为-π/2~π/2 弧度。

4.atan( )方法:返回一个数字的反正切值,结果为-π/2~π/2 弧度。

5.atan2( )方法:返回一个坐标的极坐标角度值。

6.ceil( )方法:返回一个数字的最小整数值(大于或等于该数字)。

7.cos( )方法:返回一个数字的余弦值,结果为-1~1。

8.exp( )方法:返回 e(自然对数)的乘方值。

9.floor( )方法:返回一个数字的最大整数值(小于或等于该数字)。

10.log( )方法:自然对数( )方法,返回一个数字的自然对数(底数为 e)值。

11.max( )方法:返回两个数的最大值。

12.min( )方法:返回两个数的最小值。

13.pow()方法:返回一个数字的乘方值。

14.random()方法:返回一个0~1的随机数值。

15.round()方法:返回一个数字的四舍五入值,类型是整数。

16.sin()方法:返回一个数字的正弦值,结果为-1~1。

17.sqrt()方法:返回一个数字的平方根值。

18.tan()方法:返回一个数字的正切值。

10.1.5 String 字符串对象

String 对象只有一个属性 length,它指返回字符串的长度。

String 对象的方法有:

1.anchor()方法:产生一个链接点(anchor),作为超级链接使用。

2.big()方法:将字体加大一号,与<BIG>...</BIG>标签结果相同。

3.blink()方法:使字符串闪烁,与<BLINK>...</BLINK>标签结果相同。

4.bold()方法:使字体加粗,与<B>...</B>标签结果相同。

5.charAt()方法:返回字符串中指定的某个字符。

6.fixed()方法:将字体设定为固定宽度字体,与<TT>...</TT>标签结果相同。

7.fontcolor()方法:设定字体颜色,与<FONTCOLOR=color>标签结果相同。

8.fontsize()方法:设定字体大小,与<FONTSIZE=n>标签结果相同。

9.indexOf()方法:返回某个指定字符串值在字符串中首次出现的位置,从左边开始查找。

10.italics()方法:使字体成为斜体字,与<I>...</I>标签结果相同。

11.lastIndexOf()方法:返回字符串中第一个查找到的下标 index,从右边开始查找。

12.link()方法:产生一个超级链接,相当于设定<AHREF=...>的 URL 地址。

13.small()方法:将字体减小一号,与<SMALL>...</SMALL>标签结果相同。

14.strike()方法:给字符串添加删除线,与<STRIKE>...</STRIKE>标签结果相同。

15.sub()方法:显示字符串为下标字(subscript)。

16.substring()方法:返回字符串中指定位置的几个字符。

17.sup()方法:显示字符串为上标字(superscript)。

18.toLowerCase( )方法:将字符串转换为小写。

19.toUpperCase( )方法:将字符串转换为大写。

10.2 事件

事件是网页文档或者浏览器中发生的特定交互的瞬间,比如鼠标点击或者滑过、键盘上按下某个按键、某个页面加载完成,等等。事件通常与函数配合使用,这样就可以通过发生的事件来驱动函数执行。

常用事件有鼠标事件、焦点事件、加载事件等。

10.2.1 鼠标事件

表 10-1　鼠标事件

事件	说明
onmousedown	某个鼠标按键被按下
onmousemove	鼠标被移动
onmouseout	鼠标从某元素移开
onmouseover	鼠标被移到某元素之上
onmouseup	某个鼠标按键被松开
onclick	鼠标点击某个对象
ondblclick	鼠标双击某个对象

实例:

```
<input type="button" value="点击我" onClick="alert('欢迎学习web前端开发')"/>
```

浏览器效果:

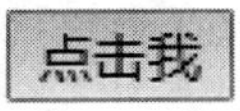

图 10-5　按钮

点击按钮会弹出一个警告框：

图 10-6　弹出警告框

alert( )是 javascript 的一个函数，效果是弹出一个警告框。alert 的中文意思就是"提醒"。

10.2.2　焦点事件

表 10-2　焦点事件

事件	说明
onfocus	元素获得焦点
onblur	元素失去焦点

实例 1：

```
<input type="text" value="请输入用户名" onfocus="this.value='';
this.onfocus=''"/>
```

浏览器效果：

图 10-7　未获得焦点时的效果

当这个输入框第一次获得焦点后，内容清空

图 10-8　获得焦点时的效果

this.value=''是将这个元素的 value 值设为空，this.onfocus=''是将这个元素的 onfocus 值也设为空，这样第二次聚焦的时候内容不会被清空。

实例2：

```
<input type="text" value="请输入用户名" onfocus="this.value='';
this.onfocus=''" onBlur="if(this.value==''){alert('用户名不能为
空')}"/>
```

如果用户名输入框里没有内容，在输入框失去焦点时，会弹出警告框"用户名不能为空"。

在这里，失去焦点事件使用了一个判断语句 if(this.value＝＝")，来判断这个元素的值是不是为空，如果为空，就执行后面的语句 alert( )。

10.2.3 加载事件

表 10-3 加载事件

事件	说明
onload	一张页面或一幅图像完成加载
onunload	用户退出页面

10.3 函数

函数是由事件驱动的或者在被调用时执行的可重复使用的代码块。

10.3.1 常规函数

1.alert( )函数:显示一个警告对话框,包括一个 OK 按钮。

2.confirm( )函数:显示一个确认对话框,包括 OK、Cancel 按钮。

3.escape( )函数:将字符转换成 Unicode 码。

4.eval( )函数:计算表达式的结果。

5.isNaN( )函数:测试是(true)否(false)是一个非法的数字。

6.parseFloat( )函数:将字符串转换成符点数字形式。

7.parseInt( )函数:将符串转换成整数数字形式(可指定几进制)。

8. prompt( )函数：显示一个输入对话框，提示等待用户输入。

9. unescape( )函数：解码由 escape 函数编码的字符。

10.3.2 自定义函数

自定义函数就是用户自己定义的函数。

自定义函数的方法：

```
function 函数名（参数列表）{
    函数体
}
```

参数列表可以为空，即没有参数；也可以包含多个参数，参数之间使用逗号(,)分隔。函数体可以是一条语句，也可以由一组语句组成。

10.3.3 函数库

在 JavaScript 语言中，可以把函数组织到函数库(library)中。其他程序可以引用函数库中定义的函数，这样可以使程序具有良好的结构，增加代码的重用性。

函数库可以自己写，也可以下载成熟的函数库，比如 jQuery.js、d3.js、node.js 等。

引用函数库的方法：

```
<script src="jQuery.js"></script>
```

10.4 综合案例——控制元素的显示和隐藏

10.4.1 元素的显示和隐藏

1. display 属性

如果网页中的某个元素想要隐藏，可以使用 display:none; 来进行设置。

比如：

```
div.page1{display:none;}
```

如果想让它显示,可以将代码改为:

```
div.page1{display:block;}
```

2.visibility

另外我们也可以使用 visibility 来隐藏元素。

```
div.page1{visibility:hidden;}
```

如果想让它显示,可以将代码改为:

```
div.page1{visibility:visible;}
```

3.display:none;和 visibility:hidden;的区别

(1) display:none;是让元素在页面消失,既然已经消失了,那么这个元素的位置就被清空了。

(2) visibility:hidden 是让元素变得不可见,虽然看不见,但是这个元素的位置仍然被它占着。

10.4.2 实例 1:控制文本的显示和隐藏

我们有这样一段代码:

```
<h2>新闻传播学院</h2>
<p>新闻传播学院包含广播电视学、广告学、传播学、网络新媒体四个专业。</p>
<h2>电影电视学院</h2>
<p>电影电视学院包含广播电视节目编导和表演两个专业。</p>
```

浏览器显示效果:

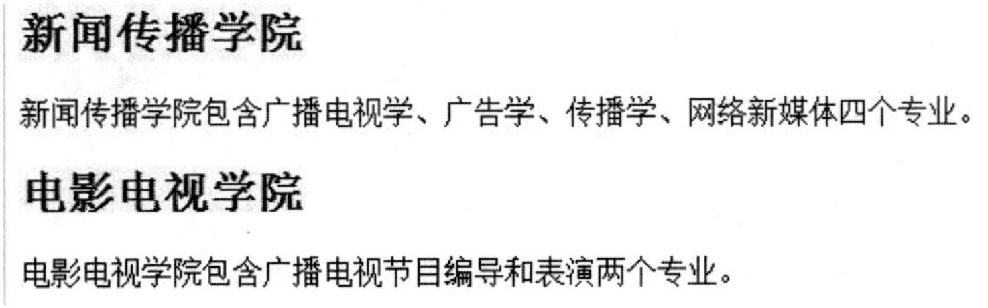

新闻传播学院

新闻传播学院包含广播电视学、广告学、传播学、网络新媒体四个专业。

电影电视学院

电影电视学院包含广播电视节目编导和表演两个专业。

图 10-9　默认效果

现在我们想要实现在打开浏览器以后,只显示 h2 标题,p 段落隐藏,并且当鼠标放在 h2 标题上时,显示标题下面那个段落。代码思路如下:

(1)利用 CSS 给段落添加样式 display:none,让两个段落隐藏。

(2)自定义两个函数,分别为 show( )和 hidden( )。show( )函数可以通过 ID 获取 HTML 里的特定元素,为其 display 属性赋值 block。hidden( )函数可以通过 ID 获取 HTML 里的特定元素,为其 display 属性赋值 none。

(3)给 h2 标题添加鼠标事件,如果鼠标覆盖在上面,触发函数 show( );鼠标移开,触发函数 hidden( )。

案例完整代码:

```html
<!DOCTYPE html>
<html>
<head>
<meta charset="UTF-8">
<title>JS控制显示和隐藏</title>
<style type="text/css">
p {
    display: none;
}
</style>
<script type="text/javascript">
function show(text){
        x=document.getElementById(text);
        x.style.display="block";
}
function hide(text){
        x=document.getElementById(text);
        x.style.display="none";
}
</script>
</head>
<body>
<h2 onmouseover="show('text1');" onmouseout="hide('text1');">新闻传播学院</h2>
<p id="text1">新闻传播学院包含广播电视学、广告学、传播学、网络新媒体四个专业。</p>
<h2 onmouseover="show('text2');" onmouseout="hide('text2');">电影电视学院</h2>
<p id="text2">电影电视学院包含广播电视节目编导和表演两个专业。</p>
</body>
</html>
```

10.4.3 实例2：图片元素的显示和隐藏

其他元素类型显示和隐藏的原理和文本是一样的,我们来看一个稍微复杂一点的实例。

图 10-10　默认效果

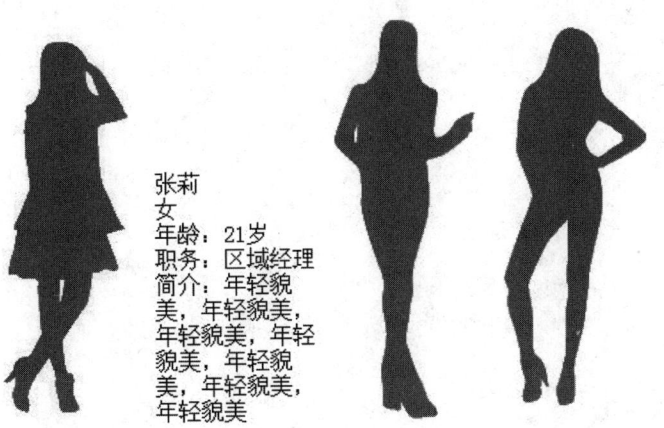

图 10-11　鼠标移动到第一个人物上的效果

浏览器打开以后,每个人物都是灰色的,当鼠标放在某个人物上时,人物显示出来并出现文字简介。(该案例纯属演示,所以人物只是更改了颜色,没有出现具体的面貌,大家可以根据该案例制作具体人物的简介,比如金陵十二钗的简介。)

代码思路如下:

(1)通过 CSS 让有颜色的图片和文字隐藏。

(2)自定义两个函数,分别为 show( ) 和 hidden( )。

(3)给图片添加鼠标事件。

完整代码:

```html
<!DOCTYPE html>
<html>
<head>
<meta charset="utf-8" />
<title>女嘉宾简介</title>
<script type="text/javascript">
    function show(i,j,t){
        x=document.getElementById(i);
        y=document.getElementById(j);
        z=document.getElementById(t);
        x.style.display="none";
        y.style.display="block";
        z.style.display="block";
    }
    function hide(i,j,t){
        x=document.getElementById(i);
        y=document.getElementById(j);
        z=document.getElementById(t);
        x.style.display="none";
        y.style.display="block";
        z.style.display="none";
    }
</script>
<link rel="stylesheet" type="text/css" href="main.css">
</head>
<body>
<div class="img111">
  <div class="img1" id="img_001" onMouseOver=
"show('img_001','img_01','text_01')"><img src="img/001.png" />
  </div>
  <div class="img2" id="img_01" onMouseOut=
"hide('img_01','img_001','text_01')"><img src="img/01.png"></div>
    <div class="text" id="text_01"> 张莉<br/>
    女<br/>
    年龄：21岁<br/>
    职务：区域经理<br/>
    简介：年轻貌美,年轻貌美,年轻貌美,年轻貌美,年轻貌美,年轻貌美,年轻貌美
        <br/>
    </div>
</div>
<div class="img112">
  <div class="img1" id="img_002" onMouseOver=
"show('img_002','img_02','text_02')"><img src="img/002.png"></div>
  <div class="img2" id="img_02" onMouseOut=
```

```html
"hide('img_02','img_002','text_02')"><img src="img/02.png"></div>
    <div class="text" id="text_02"> 林歌<br/>
       女<br/>
       年龄：23岁<br/>
       职务：中学教师<br/>
       简介：年轻貌美，年轻貌美，年轻貌美，年轻貌美，年轻貌美，年轻貌美，年轻貌美
       <br/>
    </div>
</div>
<div class="img113">
   <div class="img1" id="img_003" onMouseOver=
"show('img_003','img_03','text_03')"><img src="img/003.png"></div>
   <div class="img2" id="img_03" onMouseOut=
"hide('img_03','img_003','text_03')"><img src="img/03.png"></div>
    <div class="text" id="text_03"> 邓雪<br/>
       女<br/>
       年龄：25岁<br/>
       职务：文员<br/>
       简介：年轻貌美，年轻貌美，年轻貌美，年轻貌美，年轻貌美，年轻貌美，年轻貌美
       <br/>
    </div>
</div>
</body>
</html>
```

CSS 代码：

```css
* {
    border: none;
    margin: 0;
    padding: 0;
}
.img1, .img2, .text {
    width: 116px;
    height: 310px;
    padding: 3px 2px;
    float: left;
}
.img1 {
    z-index: -1;
    display: block;
}
.img2 {
    z-index: 0;
    display: none;
}
.text {
    padding-top: 120px;
    z-index: 1;
    display: none;
}
```

10.5 综合案例——心理测试题

有一份心理测试题,需要在用户进行测试之后,按照测试题的算法计算得分,并给出结论。

我们先来看一下这个心理测试题的题目。

经典心理测试题

此心理测试题是由中国现代心理研究所以著名的美国兰德公司(战略研究所)拟制的一套经典心理测试题为蓝本,根据中国人的心理特点加以适当改造后形成的题目,目前已被一些著名大公司,如诺基亚、联想、长虹、海尔等作为员工心理测试的重要辅助试卷,据说效果很好。现在已经有人建议将此作为公务员心理测试必选的辅助试卷推广使用。

您如果感兴趣,不妨来测试一下,看看结果是否符合您的情况。

注意:每题只能选择一个答案,应为你第一印象的答案,把相应答案的分值加在一起即为你的得分。

1. 你更喜欢吃哪种水果?
   A. 草莓 2 分   B. 苹果 3 分   C. 西瓜 5 分
   D. 菠萝 10 分   E. 橘子 15 分

2. 你平时休闲经常去的地方?
   A. 郊外 2 分   B. 电影院 3 分   C. 公园 5 分
   D. 商场 10 分   E. 酒吧 15 分   F. 练歌房 20 分

3. 你认为容易吸引你的人是?
   A. 有才气的人 2 分   B. 依赖你的人 3 分   C. 优雅的人 5 分
   D. 善良的人 10 分   E. 性情豪放的人 15 分

4. 如果你可以成为一种动物,你希望自己是哪种?
   A. 猫 2 分   B. 马 3 分   C. 大象 5 分
   D. 猴子 10 分 E. 狗 15 分   F. 狮子 20 分

5. 天气很热,你更愿意选择什么方式解暑?
   A. 游泳 5 分   B. 喝冷饮 10 分   C. 开空调 15 分

6.如果必须与一个你讨厌的动物或昆虫在一起生活,你能容忍哪一个?

A.蛇 2 分　　　　　　B.猪 5 分　　　　　　C.老鼠 10 分　　　D.苍蝇 15 分

7.你喜欢看哪类电影、电视剧?

A.悬疑推理类 2 分　　B.童话神话类 3 分　　C.自然科学类 5 分

D.伦理道德类 10 分　　E.战争枪战类 15 分

8.以下哪个是你身边必带的物品?

A.打火机 2 分　　　　B.口红 2 分　　　　　C.记事本 3 分

D.纸巾 5 分　　　　　E.手机 10 分

9.你出行时喜欢坐什么交通工具?

A.火车 2 分　　　　　B.自行车 3 分　　　　C.汽车 5 分

D.飞机 10 分　　　　　E.步行 15 分

10.以下颜色你更喜欢哪种?

A.紫 2 分　　　　　　B.黑 3 分　　　　　　C.蓝 5 分

D.白 8 分　　　　　　E.黄 12 分　　　　　　F.红 15 分

11.下列运动中挑选一个你最喜欢的(不一定擅长)?

A.瑜伽 2 分　　　　　B.自行车 3 分　　　　C.乒乓球 5 分

D.拳击 8 分　　　　　E.足球 10　　　　　　F.蹦极 15 分

12.如果你拥有一座别墅,你认为它应当建立在哪里?

A.湖边 2 分　　　　　B.草原 3 分　　　　　C.海边 5 分

D.森林 10 分　　　　　E.城中区 15 分

13.你更喜欢以下哪种天气现象?

A.雪 2 分　　　　　　B.风 3 分　　　　　　C.雨 5 分

D.雾 10 分　　　　　　E.雷电 15 分

14.你希望自己的窗口在一座 30 层大楼的第几层?

A.七层 2 分　　　　　B.一层 3 分　　　　　C.二十三层 5 分

D.十八层 10 分　　　　E.三十层 15 分

15.你认为自己更喜欢在以下哪一个城市中生活?

A.丽江 1 分　　　　　B.拉萨 3 分　　　　　C.昆明 5 分

D.西安 8 分　　　　　E.杭州 10 分　　　　　F.北京 15 分

参考答案：

A.180 分以上

意志力强，头脑冷静，有较强的领导欲，事业心强，不达目的不罢休。外表和善，内心自傲，对有利于自己的人际关系比较看重，有时显得性格急躁，咄咄逼人，得理不饶人，不利于自己时顽强抗争，不轻易认输。思维理性，对爱情和婚姻的看法很现实，对金钱的欲望一般。

B.140 分至 179 分

聪明，性格活泼，人缘好，善于交朋友，心机较深。事业心强，渴望成功。思维较理性，崇尚爱情，但当爱情与婚姻发生冲突时会选择有利于自己的婚姻。金钱欲望强烈。

C.100 分至 139 分

爱幻想，思维较感性，以是否与自己投缘为标准来选择朋友。性格显得较孤傲，有时较急躁，有时优柔寡断。事业心较强，喜欢有创造性的工作，不喜欢按常规办事。性格倔强，言语犀利，不善于妥协。崇尚浪漫的爱情，但想法往往不切合实际。金钱欲望一般。

D.70 分至 99 分

好奇心强，喜欢冒险，人缘较好。事业心一般，对待工作随遇而安，善于妥协。善于发现有趣的事情，但耐心较差，敢于冒险，但有时较胆小。渴望浪漫的爱情，但对婚姻的要求比较现实。不善理财。

E.40 分至 69 分

性情温良，重友谊，性格踏实稳重，但有时也比较狡黠。事业心一般，对本职工作能认真对待，但对自己专业以外的事物没有太大兴趣，喜欢有规律的工作和生活，不喜欢冒险，家庭观念强，比较善于理财。

F.40 分以下

散漫，爱玩，富于幻想。聪明机灵，待人热情，爱交朋友，但对朋友没有严格的选择标准。事业心较差，更善于享受生活，意志力和耐心都较差，我行我素。

10.5.1 思路

1.利用表单，把心理测试的题目制作出来。

2.通过 value 值给每个选项设定不同的分数。

3.在 JavaScript 中,通过标签把所有 input 标签放到一个数组里。使用一个循环语句,把数组里的 input 元素遍历一遍,如果该 input 的 checked 的值是 true,就把它的 value 值转成整型数值,加到变量 a 里。这样就可以把所有选中的单选按钮的 value 值加一遍。

4.判断 a 的大小,根据测试题最后结果的计算方法,把文字赋值给一个 textarea 表单。

10.5.2　HTML 代码

```html
<!doctype html>
<html>
<head>
<meta charset="utf-8">
<title>心理测试</title>
<link href="css/main.css" rel="stylesheet" type="text/css"/>
<script type="text/javascript">
var a=0;
function qu(){
    m=document.getElementsByTagName('input');
    for(i=0;i<m.length;i++){
      if(m[i].checked==true){a=parseInt(a)+parseInt(m[i].value);}
    }
    if(a>=180){m="意志力强,头脑冷静,有较强的领导欲,事业心强,不达目的不罢休。外表和善,内心自傲,对有利于自己的人际关系比较看重,有时显得性格急躁,咄咄逼人,得理不饶人,不利于自己时顽强抗争,不轻易认输。思维理性,对爱情和婚姻的看法很现实,对金钱的欲望一般。";}
    else if(a>=140){m="聪明,性格活泼,人缘好,善于交朋友,心机较深。事业心强,渴望成功。思维较理性,崇尚爱情,但当爱情与婚姻发生冲突时会选择有利于自己的婚姻。金钱欲望强烈。";}
    else if(a>=100){m=" 爱幻想,思维较感性,以是否与自己投缘为标准来选择朋友。性格显得较孤傲,有时较急躁,有时优柔寡断。事业心较强,喜欢有创造性的工作,不喜欢按常规办事。性格倔强,言语犀利,不善于妥协。崇尚浪漫的爱情,但想法往往不切合实际。金钱欲望一般。";}
    else if(a>=70){m="好奇心强,喜欢冒险,人缘较好。事业心一般,对待工作随遇而安,善于妥协。善于发现有趣的事情,但耐心较差,敢于冒险,但有时较胆小。渴望浪漫的爱情,但对婚姻的要求比较现实。不善理财。";}
    else if(a>=40){m="性情温良,重友谊,性格踏实稳重,但有时也比较狡黠。事业心一般,对本职工作能认真对待,但对自己专业以外的事物没有太大兴趣,喜欢有规律的工作和生活,不喜欢冒险,家庭观念强,比较善于理财。";}
    else{m="散漫,爱玩,富于幻想。聪明机灵,待人热情,爱交朋友,但对朋友没有严格的选择标准。事业心较差,更善于享受生活,意志力和耐心都较差,我行我素。";}
    document.getElementById('answer').value="经过测试,您的性格为:"+m;
}
</script>
</head>
<body>
```

```html
<div class="main">
    <h1>心理测试题</h1>
    <p>此心理测试题是由中国现代心理研究所以著名的美国兰德公司（战略研究所）拟制的一套经典心理测试题为蓝本，根据中国人的心理特点加以适当改造后形成的题目，目前已被一些著名大公司，如诺基亚、联想、长虹、海尔等作为员工心理测试的重要辅助试卷，据说效果很好。现在已经有人建议将此作为对公务员心理测试必选的辅助试卷推广使用。</p>
    <p>您如果感兴趣，不妨来测试一下，看看结果是否符合您的情况。</p>
    <p>注意：每题只能选择一个答案，应为你第一印象的答案，把相应答案的分值加在一起即为你的得分。</p>
    <div class="content">
        <p>1、你更喜欢吃那种水果？</p>
            <input type="radio" name="q01" class="ipt" id="q01-1" value="2">
            <label for="q01-1" class="q01-1 q"></label>
            <input type="radio" name="q01" class="ipt" id="q01-2" value="3">
            <label for="q01-2" class="q01-2 q"></label>
            <input type="radio" name="q01" class="ipt" id="q01-3" value="5">
            <label for="q01-3" class="q01-3 q"></label>
            <input type="radio" name="q01" class="ipt" id="q01-4" value="10">
            <label for="q01-4" class="q01-4 q"></label>
            <input type="radio" name="q01" class="ipt" id="q01-5" value="15">
            <label for="q01-5" class="q01-5 q"></label>
        <p>2、你平时休闲经常去的地方？</p>
        <p class="option">
            <input type="radio" name="q02" id="q02-1" value="2"/>
            <label for="q02-1" class="q">郊外</label>
            <input type="radio" name="q02" id="q02-2" value="3"/>
            <label for="q02-2" class="q">电影院</label>
            <input type="radio" name="q02" id="q02-3" value="5"/>
            <label for="q02-3" class="q">公园</label>
            <input type="radio" name="q02" id="q02-4" value="10"/>
            <label for="q02-4" class="q">商场</label>
            <input type="radio" name="q02" id="q02-5" value="15"/>
            <label for="q02-5" class="q">酒吧</label>
            <input type="radio" name="q02" id="q02-6" value="20"/>
            <label for="q02-6" class="q">练歌房</label>
        </p>
        <p>3、你认为容易吸引你的人是？</p>
        <p class="option">
            <input type="radio" name="q03" id="q03-1" value="2"/>
            <label for="q03-1" class="q">有才气的人</label>
            <input type="radio" name="q03" id="q03-2" value="3"/>
            <label for="q03-2" class="q">依赖你的人</label>
            <input type="radio" name="q03" id="q03-3" value="5"/>
            <label for="q03-3" class="q">优雅的人</label>
            <input type="radio" name="q03" id="q03-4" value="10"/>
            <label for="q03-4" class="q">善良的人</label>
            <input type="radio" name="q03" id="q03-5" value="15"/>
            <label for="q03-5" class="q">性情豪放的人</label>
```

```html
    </p>
    <p>4、如果你可以成为一种动物，你希望自己是哪种？</p>
    <input type="radio" name="q04" class="ipt" id="q04-1" value="2"/>
      <label for="q04-1" class="q04-1 q"></label>
      <input type="radio" name="q04"  class="ipt" id="q04-2" value="3"/>
      <label for="q04-2" class="q04-2 q"></label>
      <input type="radio" name="q04"  class="ipt" id="q04-3" value="5"/>
      <label for="q04-3" class="q04-3 q"></label>
      <input type="radio" name="q04"  class="ipt" id="q04-4" value="10"/>
      <label for="q04-4" class="q04-4 q"></label>
      <input type="radio" name="q04"  class="ipt" id="q04-5" value="15"/>
      <label for="q04-5" class="q04-5 q"></label>
      <input type="radio" name="q04"  class="ipt" id="q04-6" value="20"/>
      <label for="q04-6" class="q04-6 q"></label>
    <p>5、天气很热，你更愿意选择什么方式解暑？</p>
    <p>
      <input type="radio" name="q05" class="ipt" id="q05-1" value="5"/>
      <label for="q05-1" class="q05-1 q"></label>
      <input type="radio" name="q05"  class="ipt" id="q05-2" value="10"/>
      <label for="q05-2" class="q05-2 q"></label>
      <input type="radio" name="q05"  class="ipt" id="q05-3" value="15"/>
      <label for="q05-3" class="q05-3 q"></label>
    </p>
    <p>6、如果必须与一个你讨厌的动物或昆虫在一起生活，你能容忍哪一个？</p>
    <p class="option">
      <input type="radio" name="q06" id="q06-1" value="2"/>
      <label for="q06-1" class="q">蛇</label>
      <input type="radio" name="q06" id="q06-2" value="5"/>
      <label for="q06-2" class="q">猪</label>
      <input type="radio" name="q06" id="q06-3" value="10"/>
      <label for="q06-3" class="q">老鼠</label>
      <input type="radio" name="q06" id="q06-4" value="15"/>
      <label for="q06-4" class="q">苍蝇</label>
    </p>
    <p>7、你喜欢看哪类电影、电视剧？</p>
    <p class="option">
      <input type="radio" name="q07" id="q07-1" value="2"/>
      <label for="q07-1" class="q">悬疑推理类</label>
      <input type="radio" name="q07" id="q07-2" value="3"/>
      <label for="q07-2" class="q">童话神话类</label>
      <input type="radio" name="q07" id="q07-3" value="5"/>
      <label for="q07-3" class="q">自然科学类</label>
      <input type="radio" name="q07" id="q07-4" value="10"/>
      <label for="q07-4" class="q">伦理道德类</label>
      <input type="radio" name="q07" id="q07-5" value="15"/>
```

```html
      <label for="q07-5" class="q">战争枪战类</label>
    </p>
    <p>8、以下哪个是你身边必带的物品？</p>
    <p class="option">
      <input type="radio" name="q08" id="q08-1" value="2"/>
      <label for="q08-1" class="q">打火机</label>
      <input type="radio" name="q08" id="q08-2" value="2"/>
      <label for="q08-2" class="q">口红</label>
      <input type="radio" name="q08" id="q08-3" value="3"/>
      <label for="q08-3" class="q">记事本</label>
      <input type="radio" name="q08" id="q08-4" value="5"/>
      <label for="q08-4" class="q">纸巾</label>
      <input type="radio" name="q08" id="q08-5" value="10"/>
      <label for="q08-5" class="q">手机</label>
    </p>
    <p>9、你出行时喜欢坐什么交通工具？</p>
    <p class="option">
      <input type="radio" name="q09" id="q09-1" value="2"/>
      <label for="q09-1" class="q">火车</label>
      <input type="radio" name="q09" id="q09-2" value="3"/>
      <label for="q09-2" class="q">自行车</label>
      <input type="radio" name="q09" id="q09-3" value="5"/>
      <label for="q09-3" class="q">汽车</label>
      <input type="radio" name="q09" id="q09-4" value="10"/>
      <label for="q09-4" class="q">飞机</label>
      <input type="radio" name="q09" id="q09-5" value="15"/>
      <label for="q09-5" class="q">步行</label>
    </p>
    <p>10、以下颜色你更喜欢哪种？</p>
    <p class="option">
      <input type="radio" name="q10" id="q10-1" value="2"/>
      <label for="q10-1" class="q">紫</label>
      <input type="radio" name="q10" id="q10-2" value="3"/>
      <label for="q10-2" class="q">黑</label>
      <input type="radio" name="q10" id="q10-3" value="5"/>
      <label for="q10-3" class="q">蓝</label>
      <input type="radio" name="q10" id="q10-4" value="8"/>
      <label for="q10-4" class="q">白</label>
      <input type="radio" name="q10" id="q10-5" value="12"/>
      <label for="q10-5" class="q">黄</label>
      <input type="radio" name="q10" id="q10-6" value="15"/>
      <label for="q10-6" class="q">红</label>
    </p>
    <p>11、下列运动中挑选一个你最喜欢的（不一定擅长）？</p>
    <p class="option">
      <input type="radio" name="q11" id="q11-1" value="2"/>
      <label for="q11-1" class="q">瑜伽</label>
      <input type="radio" name="q11" id="q11-2" value="3"/>
      <label for="q11-2" class="q">自行车</label>
      <input type="radio" name="q11" id="q11-3" value="5"/>
      <label for="q11-3" class="q">乒乓球</label>
      <input type="radio" name="q11" id="q11-4" value="8"/>
      <label for="q11-4" class="q">拳击</label>
      <input type="radio" name="q11" id="q11-5" value="10"/>
```

```html
            <label for="q11-5" class="q">足球</label>
            <input type="radio" name="q11" id="q11-6" value="15"/>
            <label for="q11-6" class="q">蹦极</label>
        </p>
        <p>12、如果你拥有一座别墅，你认为它应当建立在哪里？</p>
        <p class="option">
            <input type="radio" name="q12" id="q12-1" value="2"/>
            <label for="q12-1" class="q">湖边</label>
            <input type="radio" name="q12" id="q12-2" value="3"/>
            <label for="q12-2" class="q">草原</label>
            <input type="radio" name="q12" id="q12-3" value="5"/>
            <label for="q12-3" class="q">海边</label>
            <input type="radio" name="q12" id="q12-4" value="10"/>
            <label for="q12-4" class="q">森林</label>
            <input type="radio" name="q12" id="q12-5" value="15"/>
            <label for="q12-5" class="q">城中村</label>
        </p>
        <p>13、你更喜欢以下哪种天气现象？</p>
        <p class="option">
            <input type="radio" name="q13" id="q13-1" value="2"/>
            <label for="q13-1" class="q">雪</label>
            <input type="radio" name="q13" id="q13-2" value="3"/>
            <label for="q13-2" class="q">风</label>
            <input type="radio" name="q13" id="q13-3" value="5"/>
            <label for="q13-3" class="q">雨</label>
            <input type="radio" name="q13" id="q13-4" value="10"/>
            <label for="q13-4" class="q">雾</label>
            <input type="radio" name="q13" id="q13-5" value="15"/>
            <label for="q13-5" class="q">雷电</label>
        </p>
        <p>14、你希望自己的窗口在一座30层大楼的第几层？</p>
        <p class="option">
            <input type="radio" name="q14" id="q14-1" value="2"/>
            <label for="q14-1" class="q">七层</label>
            <input type="radio" name="q14" id="q14-2" value="3"/>
            <label for="q14-2" class="q">一层</label>
            <input type="radio" name="q14" id="q14-3" value="5"/>
            <label for="q14-3" class="q">二十三层</label>
            <input type="radio" name="q14" id="q14-4" value="10"/>
            <label for="q14-4" class="q">十八层</label>
            <input type="radio" name="q14" id="q14-5" value="15"/>
            <label for="q14-5" class="q">三十层</label>
        </p>
        <p>15、你认为自己更喜欢在以下哪一个城市中生活？</p>
        <p class="option">
            <input type="radio" name="q15" id="q15-1" value="1"/>
            <label for="q15-1" class="q">丽江</label>
            <input type="radio" name="q15" id="q15-2" value="3"/>
            <label for="q15-2" class="q">拉萨</label>
            <input type="radio" name="q15" id="q15-3" value="5"/>
            <label for="q15-3" class="q">昆明</label>
            <input type="radio" name="q15" id="q15-4" value="8"/>
            <label for="q15-4" class="q">西安</label>
            <input type="radio" name="q15" id="q15-5" value="10"/>
```

```html
            <label for="q15-5" class="q">杭州</label>
            <input type="radio" name="q15" id="q15-6" value="15"/>
            <label for="q15-6" class="q">北京</label>
        </p>
        <p style="text-align:center">
            <button type="button" class="btn19" onmouseover=
"this.style.backgroundPosition='left -36px'" onmouseout=
"this.style.backgroundPosition='left top'" value="查看结果"
 onClick="qu()"></button>
        </p>
        <p>
            <textarea id="answer">快快进行测试吧,测试完点击'查看结果'按钮,结果
会显示在这里哦!</textarea>
        </p>
    </div>
</div>
</body>
</html>
```

10.5.3 CSS 代码

```
@charset "utf-8";
/* CSS Document */
* {
    margin: 0;
    padding: 0;
    border: 0;
}
.main {
    width: 80%;
    margin: 50px auto;
    font-family: "Microsoft Yahei";
    font-size: 14px;
    line-height: 2em;
}
.main h1 {
    font-size: 18px;
    text-align: center;
    font-weight: normal;
    line-height: 50px;
}
.main p {
    text-indent: 2em;
    margin-bottom: 15px;
}
.ipt {
    display: none;
}
```

```css
.option {
    text-indent: 2em;
}
.q:hover {
    transform: scale(1.2, 1.2);
    cursor: pointer;
}
.q {
    margin-right: 15px;
}
.q01-1 {
    display: inline-block;
    width: 200px;
    height: 139px;
    background: url(../img/01-1.jpg) no-repeat;
}
.q01-2 {
    display: inline-block;
    width: 200px;
    height: 139px;
    background: url(../img/01-2.jpg) no-repeat;
}
.q01-3 {
    display: inline-block;
    width: 200px;
    height: 139px;
    background: url(../img/01-3.jpg) no-repeat;
}
.q01-4 {
    display: inline-block;
    width: 200px;
    height: 139px;
    background: url(../img/01-4.jpg) no-repeat;
}
.q01-5 {
    display: inline-block;
    width: 200px;
    height: 139px;
    background: url(../img/01-5.jpg) no-repeat;
}
input.ipt:checked+label {
    border: 1px solid #F00;
}
.q04-1 {
    display: inline-block;
    width: 200px;
    height: 139px;
    background: url(../img/04-1.jpg) no-repeat;
}
.q04-2 {
    display: inline-block;
    width: 200px;
    height: 139px;
    background: url(../img/04-2.jpg) no-repeat;
```

```css
}
.q04-3 {
    display: inline-block;
    width: 200px;
    height: 139px;
    background: url(../img/04-3.jpg) no-repeat;
}
.q04-4 {
    display: inline-block;
    width: 200px;
    height: 139px;
    background: url(../img/04-4.jpg) no-repeat;
}
.q04-5 {
    display: inline-block;
    width: 200px;
    height: 139px;
    background: url(../img/04-5.jpg) no-repeat;
}
.q04-6 {
    display: inline-block;
    width: 200px;
    height: 139px;
    background: url(../img/04-6.jpg) no-repeat;
}
.q05-1 {
    display: inline-block;
    width: 200px;
    height: 139px;
    background: url(../img/05-1.jpg) no-repeat;
}
.q05-2 {
    display: inline-block;
    width: 200px;
    height: 139px;
    background: url(../img/05-2.jpg) no-repeat;
}
.q05-3 {
    display: inline-block;
    width: 200px;
    height: 139px;
    background: url(../img/05-3.jpg) no-repeat;
}
.btn19 {
    width: 138px;
    height: 36px;
    background: url(../img/bg19.jpg) no-repeat left top;
}
#answer {
    display: block;
    width: 600px;
    min-height: 200px;
    border: 1px solid #333;
    border-radius: 3px;
```

```
        margin: 0 auto;
        padding: 10px;
        font-size: 18px;
        text-indent: 2em;
        line-height: 2em;
}
```

浏览器效果：

心理测试题

此心理测试题是由中国现代心理研究所以著名的美国兰德公司（战略研究所）拟制的一套经典心理测试题为蓝本，根据中国人的心理特点加以适当改造后形成的题目，目前已被一些著名大公司，如诺基亚、联想、长虹、海尔等作为员工心理测试的重要辅助试卷，据说效果很好。现在已经有人建议将此作为对公务员心理测试必选的辅助试卷推广使用。

您如果感兴趣，不妨来测试一下，看看结果是否符合您的情况。

注意：每题只能选择一个答案，应为你第一印象的答案，把相应答案的分值加在一起 即为你的得分。

1、你更喜欢吃那种水果？

2、你平时休闲经常去的地方？

○郊外　○电影院　○公园　○商场　○酒吧　○练歌房

3、你认为容易吸引你的人是？

○有才气的人　○依赖你的人　○优雅的人　○善良的人　○性情豪放的人

4、如果你可以成为一种动物，你希望自己是哪种？

5、天气很热，你更愿意选择什么方式解暑？

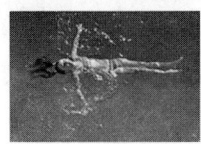  

6、如果你必须与一个你讨厌的动物或昆虫在一起生活，你能容忍哪一个？

○蛇　○猪　○老鼠　○苍蝇

7、你喜欢看哪类电影、电视剧?

○悬疑推理类　○童话神话类　○自然科学类　○伦理道德类　○战争枪战类

8、以下哪个是你身边必带的物品?

○打火机　○口红　○记事本　○纸巾　○手机

9、你出行时喜欢坐什么交通工具?

○火车　○自行车　○汽车　○飞机　○步行

10、以下颜色你更喜欢哪种?

○紫　○黑　○蓝　○白　○黄　○红

11、下列运动中挑选一个你最喜欢的(不一定擅长)?

○瑜伽　○自行车　○乒乓球　○拳击　○足球　○蹦极

12、如果你拥有一座别墅,你认为它应当建立在哪里?

○湖边　○草原　○海边　○森林　○城中村

13、你更喜欢以下哪种天气现象?

○雪　○风　○雨　○雾　○雷电

14、你希望自己的窗口在一座30层大楼的第几层?

○七层　○一层　○二十三层　○十八层　○三十层

15、你认为自己更喜欢在以下哪一个城市中生活?

○丽江　○拉萨　○昆明　○西安　○杭州　○北京

查看结果 ○→

快快进行测试吧,测试完点击'查看结果'按钮,结果会显示在这里哦!

图 10-12　PC 端心理测试题

10.6　综合案例——适应移动端的心理测试题

　　适应移动端的心理测试题一般会做成长页面和分屏这两种形式,本案例采用了分屏的形式,即每个页面上只有一道题目,当用户选择了答案之后,就跳转到下一个页面,最后也是根据规则,给出答案。

效果图:

图 10-13 移动端心理测试题

完整代码:

```
<!doctype html>
<html>
<head>
<meta charset="uft-8">
<title>测试自己的好"色"倾向</title>
<meta http-equiv="X-UA-Compatible" content="IE-edge,chrome=1"/>
<meta name="viewport" content=
"width=device-width,initial-scale=1"/>
<style type="text/css">
* {
    margin: 0;
    padding: 0;
    border: 0;
    font-size: 16px;
    font-family: "Microsoft Yahei";
    line-height: 150%;
}
html, body, .content, .main, .page, .p, .q, .answer {
    width: 100%;
    height: 100%;
```

```css
        overflow: hidden;
}
.p {
    width: 100%;
    height: 100%;
    position: absolute;
    background: url(img/bg.jpg) no-repeat center center;
    background-size: cover;
    display: block;
}
.p button {
    position: absolute;
    left: 32%;
    top: 60%;
    background: none;
    color: #C00;
}
.q, .answer {
    position: absolute;
    width: 80%;
    height: 65%;
    padding: 35% 10% 0% 10%;
    background: url(img/bg02.jpg) no-repeat center center;
    background-size: cover;
}
.answer1 p, .answer2 p, .answer3 p {
    font-size: 14px;
}
.q1, .q2, .q3, .q4, .q5, .q6, .q7, .q8, .q9, .q10, .q11, .q12,
.answer, .answer1, .answer2, .answer3 {
    display: none;
}
.button {
    display: block;
    width: 50%;
    height: 10%;
    text-align: center;
    margin: 3% auto;
    background-color: #0CF;
    border: 1px solid #069;
    border-radius: 5px;
}
.button2 {
    display: block;
    width: 25%;
    height: 8%;
    text-align: center;
    margin: 0 auto;
    background-color: #FC6;
    border: 1px solid #F93;
    border-radius: 5px;
    font-size: 10px;
}
</style>
```

```html
<script type="text/javascript">
function start(x,y){
    document.getElementById(x).style.display='none';
    document.getElementById(y).style.display='block';
}
var count_a=0;
var count_b=0;
function a(x,y){
    count_a++;
    document.getElementById(x).style.display='none';
    document.getElementById(y).style.display='block';
    }
function b(x,y){
    count_b++;
    document.getElementById(x).style.display='none';
    document.getElementById(y).style.display='block';
    }
function answer(){
                if(count_a>count_b){document.getElementById(
'answer1').style.display='block';}
else    if(count_a<count_b){document.getElementById('answer2').
style.display='block';}
   else{document.getElementById('answer3').style.display='block';
}
              }
function replay(){
        document.getElementById('answer').style.display='none';
    document.getElementById('p').style.display='block';
    count_a=0;
    count_b=0;
    document.getElementById('q011').checked=false;
    document.getElementById('q012').checked=false;
    document.getElementById('q021').checked=false;
    document.getElementById('q022').checked=false;
    document.getElementById('q031').checked=false;
    document.getElementById('q032').checked=false;
    document.getElementById('q041').checked=false;
    document.getElementById('q042').checked=false;
    document.getElementById('q051').checked=false;
    document.getElementById('q052').checked=false;
    document.getElementById('q061').checked=false;
    document.getElementById('q062').checked=false;
    document.getElementById('q071').checked=false;
    document.getElementById('q072').checked=false;
    document.getElementById('q081').checked=false;
    document.getElementById('q082').checked=false;
    document.getElementById('q091').checked=false;
    document.getElementById('q092').checked=false;
    document.getElementById('q101').checked=false;
    document.getElementById('q102').checked=false;
    document.getElementById('q111').checked=false;
    document.getElementById('q112').checked=false;
    document.getElementById('q121').checked=false;
    document.getElementById('q122').checked=false;
```

```html
            document.getElementById('answer1').style.display='none';
            document.getElementById('answer2').style.display='none';
            document.getElementById('answer3').style.display='none';
}
</script>
</head>
<body>
<div class="content">
    <div class="page">
        <form method="post" action="">
            <div id="p" class="p">
                <button type="button" onclick="start('p','q1')">点击开始测试</button>
            </div>
            <div id="q1" class="q1 q">
                Q1.如果与陌生人交往时，你常常会得到怎样的印象？<br/>
                <br/>
                <input type="radio" name="q1" id="q011" onClick="a('q1','q2')">
                <label for="q011">
                    你很亲切，我们真是一见如故
                </label>
                <br/>
                <br/>
                <input type="radio" name="q1" id="q012" onClick="b('q1','q2')">
                <label for="q012">
                    你真腼腆，性格很内向
                </label>
                <br/>
            </div>
            <div id="q2" class="q2 q">
                Q2.如果你的目光与朋友或同事相碰时，他们常会怎样评价你？<br/>
                <br/>
                <input type="radio" name="q2" id="q021" onClick="a('q2','q3')">
                <label for="q021">
                    妩媚、十分迷人，你的目光好温柔
                </label>
                <br/>
                <br/>
                <input type="radio" name="q2" id="q022" onClick="b('q2','q3')">
                <label for="q022">
                    坚定、有震慑力，你的眼神真酷啊
                </label>
                <br/>
            </div>
            <div id="q3" class="q3 q">
                Q3.如果你穿着不同调子的衣服，哪一类更能得到家人、同事、或朋友的赞美？
                <br/>
                <br/>
                <input type="radio" name="q3" id="q031" onClick="a('q3','q4')">
                <label for="q031">
```

```html
        温柔而阳光的：橙色、果绿色，或古典而浓郁的：铁锈红、咖啡色
      </label>
      <br/>
      <br/>
      <input type="radio" name="q3" id="q032" onClick=
"b('q3','q4')">
      <label for="q032">
        柔和而浅淡的：粉色、蓝色，或鲜明而亮丽的：大红色、宝石蓝
      </label>
      <br/>
    </div>
    <div id="q4" class="q4 q">
      Q4.如果让你养花，你会选择什么？<br/>
      <br/>
      <input type="radio" name="q4" id="q041" onClick=
"a('q4','q5')">
      <label for="q041">
        桃花、天堂鸟、黄菊
      </label>
      <br/>
      <br/>
      <input type="radio" name="q4" id="q042" onClick=
"b('q4','q5')">
      <label for="q042">
        玫瑰花、薰衣草、兰花
      </label>
      <br/>
    </div>
    <div id="q5" class="q5 q">
      Q5.如果让你挑选家的氛围，你会怎样选？<br/>
      <br/>
      <input type="radio" name="q5" id="q051" onClick=
"a('q5','q6')">
      <label for="q051">
        温暖、惬意
      </label>
      <br/>
      <br/>
      <input type="radio" name="q5" id="q052" onClick=
"b('q5','q6')">
      <label for="q052">
        整洁、安静
      </label>
      <br/>
    </div>
    <div id="q6" class="q6 q">
      Q6.如果在家居店里选窗帘和沙发，你更喜欢哪类颜色？<br/>
      <br/>
      <input type="radio" name="q6" id="q061" onClick=
"a('q6','q7')">
      <label for="q061">
        橙色、咖啡色、米色
      </label>
      <br/>
```

```html
        <br/>
        <input type="radio" name="q6" id="q062" onClick="b('q6','q7')">
        <label for="q062">
        蓝色、粉色、紫色
        </label>
        <br/>
        </div>
        <div id="q7" class="q7 q">
        Q7.如果处理自己的事情，你的习惯是什么？<br/>
        <br/>
        <input type="radio" name="q7" id="q071" onClick="a('q7','q8')">
        <label for="q071">
        想到什么做什么
        </label>
        <br/>
        <br/>
        <input type="radio" name="q7" id="q072" onClick="b('q7','q8')">
        <label for="q072">
        所有的事情都有提前的计划
        </label>
        <br/>
        </div>
        <div id="q8" class="q8 q">
        Q8.如果在阳光灿烂的日子，你喜欢运动吗？<br/>
        <br/>
        <input type="radio" name="q8" id="q081" onClick="a('q8','q9')">
        <label for="q081">
        非常喜欢运动
        </label>
        <br/>
        <br/>
        <input type="radio" name="q8" id="q082" onClick="b('q8','q9')">
        <label for="q082">
        不喜欢运动，喜欢看电影、听音乐等能够静静地享受的事情
        </label>
        <br/>
        </div>
        <div id="q9" class="q9 q">
        Q9.如果一年四季各不同，你喜欢什么样的气候？<br/>
        <br/>
        <input type="radio" name="q9" id="q091" onClick="a('q9','q10')">
        <label for="q091">
        喜欢温暖，不怕热
        </label>
        <br/>
        <br/>
        <input type="radio" name="q9" id="q092" onClick="b('q9','q10')">
```

```html
            <label for="q092">
                喜欢清凉，不怕冷
            </label>
            <br/>
        </div>
        <div id="q10" class="q10 q">
            Q10.如果每天都与香水亲密接触，你最喜欢哪种味道？<br/>
            <br/>
            <input type="radio" name="q10" id="q101" onClick="a('q10','q11')">
            <label for="q101">
                味道比较浓烈、醇厚的
            </label>
            <br/>
            <br/>
            <input type="radio" name="q10" id="q102" onClick="b('q10','q11')">
            <label for="q102">
                味道淡雅、清新的
            </label>
            <br/>
        </div>
        <div id="q11" class="q11 q">
            Q11.如果你有自己的独特风格，你的风格偏向哪类？<br/>
            <br/>
            <input type="radio" name="q11" id="q111" onClick="a('q11','q12')">
            <label for="q111">
                喜欢一个人独处、自娱自乐
            </label>
            <br/>
            <br/>
            <input type="radio" name="q11" id="q112" onClick="b('q11','q12')">
            <label for="q112">
                集体领导中有组织的风格
            </label>
            <br/>
        </div>
        <div id="q12" class="q12 q">
            Q12.如果你有偏爱的首饰，你的选择偏向哪类？<br/>
            <br/>
            <input type="radio" name="q12" id="q121" onClick="a('q12','answer')">
            <label for="q121">
                金饰品、翡翠、猫眼
            </label>
            <br/>
            <br/>
            <input type="radio" name="q12" id="q122" onClick="b('q12','answer')">
            <label for="q122">
                白金、银饰、蓝宝石、祖母绿
            </label>
```

```html
            <br/>
        </div>
        <div id="answer" class="answer"> 答案分析.嗜好也是泄漏你对色彩偏爱的秘密高手。<br/>
            <button type="button" onclick="answer()" class="button">查看答案</button>
            <div id="answer1" class="answer1">
                <h3>好"色"倾向</h3>
                <p>你为Y（黄色）基调即暖色调</p>
                <h3>依"色"诊断</h3>
                <p>暖色调的人比较喜欢休闲服装，追求闲适的生活，通常喜欢一个人自娱自乐，擅长社交，但没有很强的领导和组织的欲望与观念。暖色调的人，非常喜欢运动，倾向于回归大自然，投入山水的怀抱。这类人偏爱味道或独特或浓烈的香水，而饰品则多选择金饰品类和翡翠系列。</p>
                <button type="button" onclick="replay()" class="button2">再来一次</button>
            </div>
            <div id="answer2" class="answer2">
                <h3>好"色"倾向</h3>
                <p>你为B（蓝色）基调即冷色调</p>
                <h3>依"色"诊断</h3>
                <p>冷色调的人比较喜欢正统的衣服，追求高雅的生活方式，自律而偏于逻辑，通常有愿望成为领导者。不过，冷色调的人，通常不怎么运动，倾向于呆在家里的悠闲生活。这类人偏爱味道淡雅的香水，而饰品则多选择白金类或者银饰。</p>
                <button type="button" onclick="replay()" class="button2">再来一次</button>
            </div>
            <div id="answer3" class="answer3">
                <h3>好"色"倾向</h3>
                <p>你的色彩倾向不是很明显，现在还不能给您确切的答案。</p>
                <button type="button" onclick="replay()" class="button2">再来一次</button>
            </div>
        </div>
    </form>
  </div>
</div>
</body>
</html>
```

10.7 添加动态图表

给页面添加动态图表，一般要借助一些图表库，这里给大家介绍百度公司的echarts。

eCharts 是由百度公司开发的纯 Java Script 的图表库，可以流畅地运行在 PC 和移动设备上,兼容当前绝大部分浏览器(IE8/9/10/11,Chrome,Firefox,Safari 等),底层依赖轻量级的 Canvas 类库 ZRender,能提供直观、生动、可交互、可高度个性化定制的数据可视化图表。

eCharts 提供了常规的折线图、柱状图、散点图、饼图、K 线图,用于统计的盒形图,用于地理数据可视化的地图、热力图、线图,用于关系数据可视化的关系图、treemap、多维数据可视化的平行坐标,还有用于 BI 的漏斗图、仪表盘,并且支持图与图之间的混搭。

实例展示:http://echarts.baidu.com/examples.html#chart-type-parallel

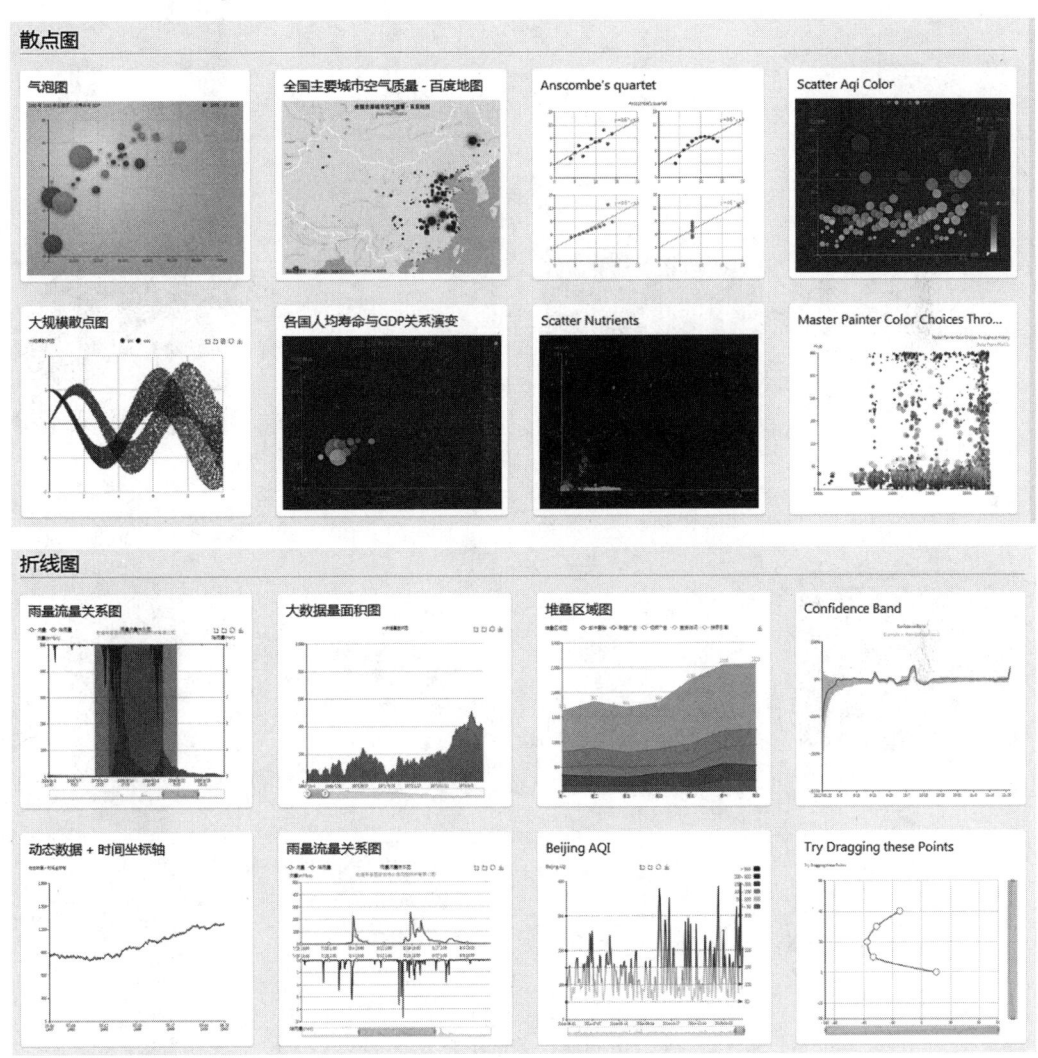

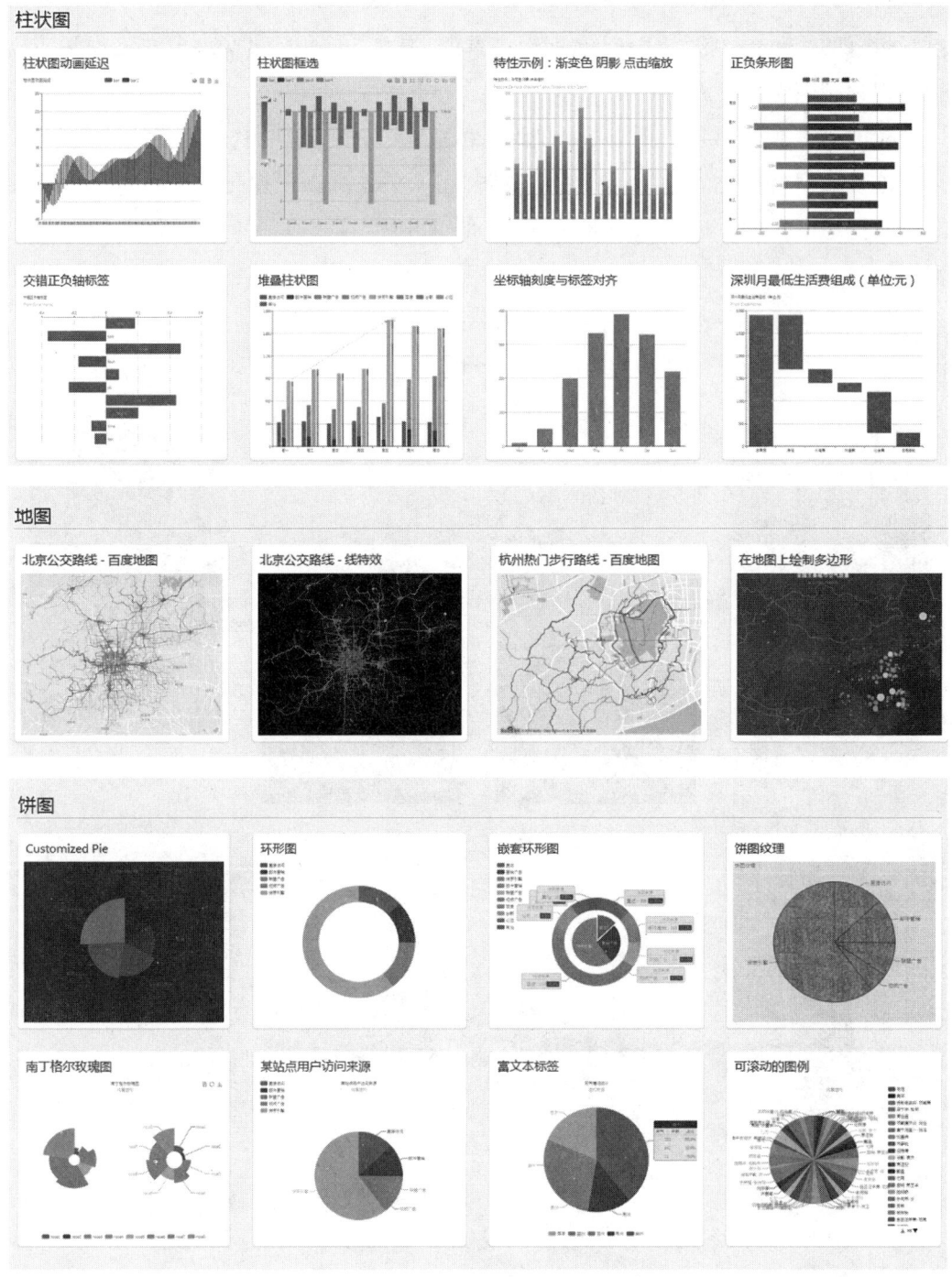

图 10-14　echarts 图表

使用方法：

1.首先需要在官网下载页面下载 echarts.js 库包。

2.引入 echarts。

方法：

```html
<!DOCTYPE html>
<html>
<head>
    <meta charset="utf-8">
    <!-- 引入 ECharts 文件 -->
    <script src="echarts.min.js"></script>
</head>
</html>
```

3.在绘图前我们需要为 eCharts 准备一个具备宽高的 DOM 容器。

方法：

```html
<body>
    <!-- 为 ECharts 准备一个具备大小（宽高）的 DOM -->
    <div id="main" style="width: 600px;height:400px;"></div>
</body>
```

4.找到实例,修改代码,然后复制到我们的代码中。

方法：

```html
<!DOCTYPE html>
<html>
<head>
    <meta charset="utf-8">
<title>ECharts</title>
    <!-- 引入 echarts.js -->
    <script src="echarts.min.js"></script>
</head>
<body>
 <!-- 为ECharts准备一个具备大小（宽高）的DOM -->
<div id="main" style="width: 600px;height:400px;"></div>
<script type="text/javascript"> // 基于准备好的DOM, 初始化echarts实例
   var myChart = echarts.init(document.getElementById('main'));
   // 指定图表的配置项和数据
   // 使用刚指定的配置项和数据显示图表。
   myChart.setOption(option);
</script>
</body>
</html>
```

echarts 更具体的使用方法请登录 echarts.baidu.com 查看。

本章小结

本章主要介绍了 JavaScript 的应用技巧。JavaScript 的功能非常强大,远远不止书中介绍的这些,大家可以在网上下载一些 JavaScript 的实例进行分解学习。

第 11 章　响应式 Web 开发

> **章节大纲**

1. 媒体查询：使用 @media 查询，可以针对不同的媒体类型定义不同的样式。
2. Bootstrap：最流行的开发响应式 Web 的 HTML、CSS 和 JS 框架。

11.1　响应式 Web 开发的概念

"响应式 Web 设计"最早是由 Ethan Marcotte 在 2010 年提出的。他在 A List Apart 上写了一篇文章，这篇文章综合运用弹性网格布局、弹性图片/媒体、媒体查询实现了一个解决方案，这个解决方案就叫"响应式 Web 设计"。

响应式 Web 开发实际上就是根据浏览器的宽度来自动调整网页样式，使网页在不同设备上都能够较为完美地显示。

通常我们会针对大屏幕（PC 端）、中等屏幕（平板端）、小屏幕（手机端）设计三种不同的网页效果，再利用 CSS 中的媒体查询、弹性网页等来实现不同的设备显示不同的网页效果。

我们原来做的网页，在手机端也是可以显示出来的。一般移动设备的浏览器都默认设置了一个 viewport 元标签，定义了一个虚拟的 layout viewport（布局视口），用于解决早期的页面在手机上显示的问题。iOS、Android 基本都将这个视口的分辨率设置为 980px，所以 PC 上的网页基本能在手机上呈现，只不过元素看上去很小，一般默认可以手动缩放网页。

除了布局视口,在移动设备方面我们还需要了解两个概念,即视觉视口和理想视口。

视觉视口(visual viewport)指的是物理屏幕的可视区域,即屏幕显示器的物理像素。同样尺寸的屏幕,像素密度大的设备,硬件像素会更多。

iPhone5:640×1136

iPhone6:750×1334

iPhone6 Plus:1242×2208

默认情况下,一个手机或平板浏览器的布局宽度为 768-1024 像素。这对于手机的窄屏来说并不理想。换句话说,布局视口的默认宽度并不是一个理想的宽度。因此理想视口被引进了。

只有当网站是为手机准备的时候才应该使用理想视口。当添加理想视口时,需要在页面里添加 meta 视口标签,如:

```
<meta name="viewport" content="width=device-width">
```

这行代码是通知浏览器,布局视口的宽度应该与理想视口的宽度一致。这也说明了定义理想视口是浏览器的工作,而不是设备或操作系统的工作。因此,同一设备上的不同浏览器拥有不同的理想视口,浏览器的理想视口的大小也取决于它所处的设备。

iPhone5:分辨率 320×568,物理像素 640×1136,@2x。

iPhone6:分辨率 375×667,物理像素 750×1334,@2x。

iPhone6 Plus:分辨率 414×736,物理像素 1242×2208,@3x。

11.2 媒体查询

使用@media 查询,可以针对不同的媒体类型定义不同的样式。

@media 可以针对不同的屏幕尺寸设置不同的样式,在重置浏览器大小的过程中,页面也会根据浏览器的宽度和高度重新渲染页面。

实例:

```html
<!DOCTYPE html>
<html lang="zh">
<head>
<meta charset="utf-8">
<title>Responsive Page</title>
<meta name="viewport" content="width=device-width,
initial-scale=1.0">
<link rel="stylesheet" href="css/normalize.css">
<style>
  ul {
    width:80%;/*整个列表宽度是浏览器宽度的80%*/
    margin: 0 auto;/*列表在浏览器居中*/
    padding: 0;/*填充为0*/
    font-size: 100%;/*字号是16号字*/
}
  ul li {
    box-sizing: border-box;
    display: inline-block;
    width: 21%;/*默认宽度*/
    padding: 1%;
    margin: 1%;
    list-style: none;
    background-color: #D3D3D3;
    text-align:center;
}
   @media only screen and (max-width: 768px) {
       ul li {
           width: 44%;/*中等屏幕宽度*/
           padding:2%;
           }
       }
   @media only screen and (max-width: 480px) {
       ul li {
           width: 90%;/*小屏幕宽度*/
           padding:3%;
           }
       }
</style>
</head><body>
<ul>
   <li>我是第一列</li>
   <li>我是第二列</li>
   <li>我是第三列</li>
   <li>我是第四列</li>
</ul>
</body>
</html>
```

当浏览器宽度宽于 768px 的时候，列的宽度是 21%，所以是四句一行。

当浏览器宽度小于 768px 大于 480px 的时候，列的宽度是 44%，所以是两句一行。

当浏览器宽度小于 480px 的时候，列的宽度是 90%，所以是一句一行。

11.3 响应式图片

响应式图片指的是图片的大小不再是固定的,而是随着浏览器宽度的变化而变化。

实例:

有大中小三张图片,当屏幕是大屏幕的时候,显示大图片;中屏幕的时候,显示中图片;小屏幕的时候,显示小图片。

代码:

```
<!DOCTYPE html>
<html lang="zh">
<head>
    <meta charset="utf-8">
    <title>弹性布局和响应式图片</title>
    <meta name="viewport" content="width=device-width, initial-scale=1.0">
</head>
<body>
<picture>
    <source srcset="img/longmao.jpg" media="(min-width: 800px)" width="100%">
    <source srcset="img/longmao_middle.jpg" media="(min-width: 480px)" width="100%">
    <img srcset="img/longmao_small.jpg" alt="龙猫" width="100%">
</picture>
</body>
</html>
```

> **注意:**
> 为了兼容一些低版本的浏览器,<picture>……</picture>标签不能省略<img>标签。

11.4 使用 Bootstrap

创建响应式设计还可以使用现成的 CSS 框架。

Bootstrap 是目前最流行的开发响应式 Web 的 HTML、CSS 和 JS 框架。可以帮助大家开发在任何尺寸的屏幕上(如显示器、笔记本电脑、平板电脑或手机)外观都出众的站点。

实例：

```
<!DOCTYPE html>
<html>
<head>
<meta charset="utf-8">
<meta name="viewport" content="width=device-width, initial-scale=1">
<link rel="stylesheet" href="http://maxcdn.bootstrapcdn.com/bootstrap/3.2.0/css/bootstrap.min.css">
</head>
<body>
<div class="container">
  <div class="jumbotron">
    <h1>Web前端开发</h1>
    <p>欢迎学习web前端开发!</p>
  </div>
</div>
<div class="container">
  <div class="row">
    <div class="col-md-4">
      <h2>HTML</h2>
      <p>HTML是Hypertext Markup Language的缩写,即超文本标记语言</p>
      <p>它是用于描述网页文档的一种标记语言。它也是应用于网络的一种标准。所有的浏览器都需要遵循这套标准,我们在编写HTML文件也需要遵循这套标准,只有这样我们的HTML文件才可以正确的被浏览器解析并呈现出来。</p>
    </div>
    <div class="col-md-4">
      <h2>CSS</h2>
      <p>CSS是Cascading Style Sheet（层叠样式表）的缩写,是一种能使网页格式化的标准,它可以扩展HTML的功能,重新定义HTML元素的显示样式,可以美化网页外观。</p>
    </div>
    <div class="col-md-4">
      <h2>JavaScript</h2>
      <p>JavaScript是一种基于对象和事件驱动的应用于网页里的脚本语言。它可以实现网页与用户之间的交互。</p>
    </div>
  </div>
</div>
</body>
</html>
```

浏览器效果：

Web前端开发
欢迎学习web前端开发!

HTML
HTML是Hypertext Markup Language的缩写，即超文本标记语言
它是用于描述网页文档的一种标记语言。它也是应用于网络的一种标准。所有的浏览器都需要遵循这套标准，我们在编写HTML文件也需要遵循这套标准，只有这样我们的HTML文件才可以正确的被浏览器解析并呈现出来。

CSS
CSS是Cascading Style Sheet（层叠样式表）的缩写，是一种能使网页格式化的标准，它可以扩展HTML的功能，重新定义HTML元素的显示样式，可以美化网页外观。

JavaScript
JavaScript是一种基于对象和事件驱动的应用于网页里的脚本语言。它可以实现网页与用户之间的交互。

Web前端开发
欢迎学习web前端开发!

HTML
HTML是Hypertext Markup Language的缩写，即超文本标记语言
它是用于描述网页文档的一种标记语言。它也是应用于网络的一种标准。所有的浏览器都需要遵循这套标准，我们在编写HTML文件也需要遵循这套标准，只有这样我们的HTML文件才可以正确的被浏览器解析并呈现出来。

CSS
CSS是Cascading Style Sheet（层叠样式表）的缩写，是一种能使网页格式化的标准，它可以扩展HTML的功能，重新定义HTML元素的显示样式，可以美化网页外观。

JavaScript
JavaScript是一种基于对象和事件驱动的应用于网页里的脚本语言。它可以实现网页与用户之间的交互。

图 11-1 响应式布局效果

使用框架可以让我们的工作变得更加轻松高效。关于 Bootstrap 的具体使用方法，大家可以登录 http://www.bootcss.com 网站学习 Bootstrap 教程。

本章小结

本章主要介绍了响应式 Web 开发的概念及支撑技术。网上关于响应式网页的模板非常多，大家可以下载以后分析其结构及实现过程，慢慢摸索。本书受篇幅所限，不再讲解 jQuery 和框架部分的内容，有兴趣的同学可以登录 http://www.w3school.com.cn/ 进行学习。

图书在版编目(CIP)数据

Web 前端开发与制作：HTML5+CSS3+JavaScript / 王玲玲著. -- 北京：中国传媒大学出版社，2019.12

"十三五"视听传播实验教材

ISBN 978-7-5657-2613-2

Ⅰ. ①W… Ⅱ. ①王… Ⅲ. ①网页制作工具—教材 ②超文本标记语言—程序设计—教材 ③JAVA 语言—程序设计—教材 Ⅳ. ①TP393.092.2 ②TP312.8

中国版本图书馆 CIP 数据核字（2019）第 222932 号

Web 前端开发与制作：HTML5+CSS3+JavaScript
Web QIANDUAN KAIFA YU ZHIZUO：HTML5+CSS3+JavaScript

总 主 编	张 卓 王瀚东
著 者	王玲玲
责任编辑	黄松毅
封面设计	风得信设计·阿东
责任印制	李志鹏
出版发行	中国传媒大学出版社
社 址	北京市朝阳区定福庄东街 1 号 邮编：100024
电 话	86-10-65450528 65450532 传真：65779405
网 址	http://cucp.cuc.edu.cn
经 销	全国新华书店
印 刷	北京玺诚印务有限公司
开 本	787mm×1092mm 1/16
印 张	17
字 数	313 千字
版 次	2019 年 12 月第 1 版
印 次	2019 年 12 月第 1 次印刷
书 号	ISBN 978-7-5657-2613-2/TP·2613 定 价 58.00 元

版权所有 翻印必究 印装错误 负责调换